U0656510

《逸周書》研究文獻輯刊

第五册

國家圖書館出版社

第五册目録

逸周書補注二十二卷卷首一卷卷末一卷（卷十九—末）（晉）孔晁 注

（清）陳逢衡 補注

逸周書管箋十卷疏證一卷提要一卷集説一卷摭訂三卷（疏證 提要 集説 卷一）

（晉）孔晁 注　（清）丁宗洛 箋

（晉）孔晁　注　（清）陳逢衡　補注

逸周書補注二十二卷卷首一卷卷末一卷（卷十九—末）

清道光五年（1825）刻本

逸周書卷十九

晉孔晁注　　江都陳逢衡補注

職方解第六十二

章潢九州嶽鎮川澤辨古者言九州者禹貢之冀兖青徐揚荆豫梁雍夏制也爾雅之冀幽營兖徐揚荆豫雍商制也職方之揚荆豫青兖雍幽冀并周制也商有幽營而無禹貢之青梁周有幽并而無禹貢之徐梁此三代九州之不同也爾雅何以知其爲商制以郭璞注云也賈氏乃謂之夏制蓋以詩譜所謂梁

雍荊豫徐揚之民被文王之化文王當商之末有雍梁之民爾雅無梁州則不可爲商制鄭譜但言文王三分天下有其二州名不足悉也若以爾雅爲夏制則禹貢當爲何制乎然爾雅有九州之名無九州之界而禹貢職方之界有相侵者職方冀州視禹貢爲小以分冀爲幽并如舜時制是一分而爲三也雖無徐州而青兗之間是已雖無梁州而雍豫之間是已禹貢曰海岱及淮惟徐州又曰大野既瀦今職方青州之川淮泗兗州之澤大野是以徐而入於青兗可

知矣禹貢曰華陽黑水惟梁州又曰厥貢璆鐵銀鏤砮磬今職方豫州之山華山雍州之利玉石是以梁而入於雍豫可知矣職方既以青兖而包徐故青州多入禹貢之豫兖州多入禹貢之青禹貢豫州曰被荷澤導孟豬而職方青州曰其澤望諸豈非青之入豫乎禹貢青州曰鹽絺海物而職方兖州其利蒲魚豈非兖之入青乎職方既分冀而入幽并故幽州多入禹貢之青徐冀州多入禹貢之雍職方曰幽州其山醫無閭醫無閭在遼東漢光武以遼東屬青州後

又屬幽州兹非幽之入青乎職方曰幽州其澤藪養
其浸菑時藪養在長廣菑出萊蕪地理志以長廣屬
徐州琅琊有萊山兹非幽之入徐乎職方曰兾州其
澤楊紆爾雅謂秦有楊紆李淳風謂在扶風兹非兾
之入雍乎大抵周以禹之一兾州分而爲三以禹之
八州合而爲六其勢必不能如禹之舊杜氏與二鄭
不本此說不改職方之字則改職方之意後鄭以潁
宜屬豫漢宜屬荆不知幽青雍梁兖豫尙多侵入況
荆豫相去之州乎改其意而釋者此也先鄭以青之

淮字當爲睢沭當爲洙直謂宋有犮睢魯有洙泗會不謂青之包徐也先鄭謂雍之弦當爲汧蒲當爲浦直謂雍有汧水會不謂吳山在汧而有弦蒲之藪杜氏以荆之湛當爲淮後鄭以兖之盧維爲雷雍直以湛與盧維無所經會不謂地名變易不一不可一一知也改其字而釋者此也至如山鎮藪澤又有可得而辨者九州山鎮分言之則曰四鎮五嶽總言之皆曰山鎮揚之會稽青之沂山幽之醫無閭冀之霍山固爲四鎮矣而五嶽在虞夏商周世有不同舜典南

岳孔安國以爲衡山職方荆州曰山鎮曰衡山是衡
爲南嶽明矣而爾雅有二說河南衡山爲南嶽又以
霍山爲南嶽蓋漢武帝元封五年巡南郡禮天柱山
號曰南嶽是以衡山之神遼遠又移其神於霍山也
說者謂一山兩名則失之此漢嶽之與虞周不同也
王制有恒山衡山而不言太華嵩山舜典有四嶽而
不言中嶽蓋王制南北以山爲至東西以水爲至故
五嶽言其二舜典言四方巡狩所至之地故五嶽言
其四泰山爲東嶽華山爲西嶽恒山爲北嶽衡山爲

南嶽嵩山爲中嶽嵩大也即禹貢之外方也初無嶽山之名職方山鎮有恒有岱有華有衡不言嵩而有嶽山蓋周都在五嶽之外故以雍之吳山爲嶽山此周嶽之與虞夏不同也故曰山鎮之可辨者此也

九州澤藪在職方爲九在爾雅爲十藪職方以州言爾雅以國言也爾雅以吳越有具區即此揚也楚有雲夢即此荆也鄭有甫田即此豫也宋有孟豬即此青也魯有大野即此兖也秦有楊紆即此冀也燕有昭余祁即此并也此澤藪之名同也獨晉之大陸齊

之海隅周之焦穫爾雅與職方不同然爾雅之齊即職方之幽以其幽之澤藪豯養而豯養在徐也爾雅之燕爲職方之并以其并之昭余祁而燕爲幽州也爾雅之周爲職方之雍爾雅之泰亦爲職方之雍職方既以弦蒲爲雍所以不受焦穫爾雅之晉爲職方之冀職方既以冀之界入於泰以楊紆爲冀所以不受大陸此藪澤之名異也故曰澤藪之可辨者此也然嘗考之禹貢之别九州隨山濬川而終之曰庶土交正底慎財賦咸則三壤成賦中邦故夏書謂之禹

貢令職方之辨九州制畿封國而終之曰制其職各以其所能制其貢各以其所有故周官謂之職方氏鄭氏曰職主也主四方之職貢者其知成周設官之意乎周人設官以職方爲名而制貢又曰各以其所有此正禹貢任土作貢之意也衡案顧氏日知錄曰夏商以後沿上世九州之名各就其疆理所及而分之故每代小有不同周禮量人掌建國之法以分國爲九州曰分則不循於其舊可知矣

職方氏掌天下之圖辨其邦國都鄙四夷八蠻七閩九貉

五戎六狄之人民

孔注此在周官大司馬下篇穆王使有司抄出之欲時省焉國曰都邑曰鄙東方曰夷南方曰蠻西方曰戎北方曰狄閩蠻之别貉狄之别八七九五六見非一之言也盧文弨曰四夷其大名也故不言四

補注周官職方氏中大夫四人下大夫八人中士十有六人府四人史十有六人胥十有六人徒百有六十人鄭康成曰職方氏主四方官之長賈疏曰司馬主九畿職方制其貢官尊而人多以主天下人民貢

賦之事鰲衡案周官職方氏後有土方氏懐方氏合方氏訓方氏形方氏其官不過中士下士而職方獨以中大夫四人領之故康成云主四方官之長天下之圖鄭康成曰如今司空輿地圖也案即後世一統志圖之類周官太宰以佐王治邦國注大曰邦小曰國又以八則治都鄙注都鄙公卿大夫之采邑王子弟所食邑在畿內者又地官小司徒四縣爲都遂人五鄰爲鄙此通言九州建國之邦國都鄙不專指王畿言東辟之民曰夷夷易也南辟之民曰蠻蠻慁也

閩東越之別名貉通作貊惡也戎凶也狄辟也此周所伏四海極落之數人民總辭也大司徒一曰山林其民毛而方二曰川澤其民黑而津三曰邱陵其民專而長四曰墳衍其民晳而瘠五曰原隰其民豐肉而痺此則形體之可辨者爾雅釋地太平之人仁丹穴之人智大蒙之人信空桐之人武此則氣稟之可辨者河圖闓始圖嵩徐人聲緩荆揚人聲急梁州人聲鶩兗豫人聲端雍冀人聲捷此則聲音之可辨者管子水地齊之水道躁而復故其民貪麤而好勇楚

之水淖弱而清故其民輕果而賊越之水濁重而洎
故其民愚疾而垢秦之水泔最而稽淤滯而雜故其
民貪戾罔而好事魯之水枯旱而運淤滯而雜故其
民諂諛葆詐巧佞而好利燕之水萃下而弱沈滯而
雜故其民愚戇而好貞輕疾而易死宋之水輕勁而
清故其民閒易而好正此則性情之可辨者山海經
曰白民銷姓黑齒姜姓困民勾姓三身姚姓盈民於
姓不死甘姓巫载朌姓蜮民桑姓焦僥幾姓西周姬
姓不與列姓大人釐姓北齊姜姓毛民依姓儋耳任

姓無腸任姓深目盼姓苗民釐姓此則姓氏之可辨
者他如結胸國其爲人結胸交脛國其爲人交脛周
饒國其爲人短小冠帶以至厭火反舌長臂一目諸
國雖負形百出怪怪奇奇無所不至然同一含生賦
性而來中庸所謂凡有血氣者是也是烏可以不識
其情狀乎若僅云民數歲登下其死生則自有司民
一官在

與其財用九穀六畜之數周官數下有要字

補注財用金玉刀幣之類爾雅所謂九府是也九穀

先鄭以黍稷秫稻大小豆大小麥當之後鄭謂有梁苽無秫大麥六畜馬牛羊雞犬豕也

周知其利害

補注鄭康成曰利金錫竹箭之屬害神姦鑄鼎所象百物也衡案利害如年歲豐歉水道通塞民俗奢儉之類

乃辯九州之國使同貫利

孔注貫事

補注辯謂辨其出產如下文所云金錫竹箭丹銀齒

革林漆絲枲是己同通也使同貫利則以所餘易所不足彼此可以相資矣

東南曰揚州

補注禹貢淮海惟揚州爾雅江南曰揚州職方則北據淮東至海南盡吳越之地李巡曰江南其氣燥勁厥性輕揚故曰揚州釋名謂揚州州界多水水波揚也太康地記則以爲揚州漸太陽位天氣奮揚故取名焉據呂氏春秋有始覽東南曰陽天淮南墜形訓正東陽州曰申上又云扶木在揚州日之所曊高誘

注揚州東方也又東南方曰波母之山曰陽門亦見

墬形訓古揚陽通用其義葢取諸此陳氏禮書曰禹

貢先冀次兖以治水始於近也周官先揚次荆以治

地先於遠也衡案禹貢首冀州者尊帝都也周都豐

鎬例以尊京師之文當首雍州而職方獨首揚州者

葢以職方掌財用九穀六畜之數揚州地廣人衆水

土鍾育較他州爲盛也

其山鎮曰會稽

補注山在今浙江紹興府會稽縣東南十三里鄭康

成曰鎮名山安地德者也會稽在山陰衡案會稽山

見山海經葢禹以會計至此得名也漢地理志會稽

郡山陰縣會稽山在南揚州山水經江水注會稽之

山古防山也亦謂之茅山又曰棟山越絶云棟猶鎮

也葢周禮所謂揚州之鎮也

其澤藪曰具區

補注水鍾曰澤水希曰藪具區太湖也一名震澤淮

南墬形訓東南方曰具區曰元澤山海經南山經浮

玉之山北望具區爾雅吳越之間有具區呂氏有始

吳之具區淮南墬形越之具區以其跨距吳越故可兩屬也漢地理志會稽郡吳縣具區澤在西揚州藪古文以爲震澤師古曰震澤在吳西即具區也衡案越絕謂太湖周三萬六千頃太平寰宇記謂澤廣二百八十里周迴二萬七千頃接連四郡界入海則其地之廣濶可知故一名震澤震動也極言水勢動搖坤維皆爲之震撼也一名具區具俱也言四方之水俱來滙於此也故又謂之太湖以其較五湖更大也則太湖不在五湖內可知虞翻川瀆記乃謂太湖東

通松江南通雲溪西通荆溪北通滆湖東連韭溪凡五道謂之五湖則是職方既以具區爲藪又以具區爲浸無分別矣郝懿行山海經注又以太湖爲五湖之總名案三江九江九河俱不聞另有總名何獨五湖有總名蓋別乎五湖而爲太湖猶別乎四岳而爲太岳也然則太湖者具區也五湖者太湖之支分派別而另爲五水者也

其川三江

補注顏師古曰川水之通流者也漢地理志會稽郡

吳縣南江在南東入海揚州川毘陵縣江在北東入海揚州川丹陽郡蕪湖縣中江出西南東至陽羨入海揚州川顔師古曰三江謂北江中江南江也　欽定周官義疏曰三江之目言人人殊曰松江婁江東江者此吳之一隅曰浙江錢清江剡江者此越之一隅皆十人因其支别有三而名之不足當三江之正揚州之域北跨大江南踰會稽則岷江在北浙江在南而松江居其中此說無以易矣方苞周官析疑曰岷江雖發源於梁州而入揚州之界則合安池宣昇

潤鎮諸州之水而環其北松江合嘉湖蘇常諸州之水指其中浙江合衢徽嚴杭諸州之水在其南揚州之川未有大於此者戴清曰案顧炎武云北江今之楊子江中江今之吳淞江不言南江而以三江見之南江今之錢塘江本郭璞說與班志合蓋北江中古不移中江由高淳過五壩至常州府宜興縣入海南江由安徽池州府過寧國府會太湖過吳江石門出仁和縣臨塘棲鎮折而東而北因謂之浙江由餘姚入海自五代時楊行密築五壩而中江之流絕自唐

築海塘而南江之道堙後人遂多異說耳衡案職方三江統括揚州全境自指岷江松江浙江景純之說洵爲定論閻伯詩趙鹿泉皆從之阮氏揅經室一集有浙江圖考融會三江之說最爲明晰

其浸五湖

補注鄭康成曰浸可以爲陂灌溉者　欽定周官義疏曰張勃陸龜蒙輩皆以五湖卽太湖或云以周行五百里故名或云上稟咸池五車之氣或云環湖隨地異稱有菱湖莫湖游湖貢湖胥湖之別若然則經

既言澤藪其區不必更言其浸五湖矣且揚州地域遼濶湖浸繁多胡舍其可紀者而必複舉其區之一以當一乎是則其區縱有五湖之名而必非職方之五湖也虞翻曰滆湖洮湖射湖貴湖及太湖爲五韋昭曰胥湖蠡湖洮湖滆湖就太湖而五李膺以彭蠡巢湖鑑湖洞庭并太湖而五柯山以射陽湖丹陽湖彭蠡湖青草湖并太湖而五洞庭青草當屬荆州非揚域也大抵楚州之射陽洪州之彭蠡巢縣之巢湖暨洮滆鑑等皆爲南方之浸或當數其尤大之五者

而具區既列澤藪則不復數之歟

其利金錫竹箭其民二男五女其畜宜雞狗鳥獸其穀宜

稻周官無雞狗二字

孔注竹箭篠也九州土氣生民男女各不同鳥獸山

澤所育之屬也

補注禹貢揚州惟金三品瑤琨篠簜金三品者黃金

謂之金白金謂之銀赤金謂之銅也錫白鑞也在銀

鉛之間爾雅錫謂之鈏案魯頌言大賂南金考工記

吳越之金錫爾雅云會稽之竹箭均東南所產也淮

南地形訓山氣多男澤氣多女揚州澤國故女多於男周禮本有刻作五男二女者訛也雞狗二字疑衍鳥獸蓋泛言之稻生於水澤之地揚州厥土塗泥故其穀宜稻淮南墬形訓江水肥仁而宜稻

正南曰荆州

補注禹貢荆及衡陽惟荆州爾雅漢南曰荆州職方則跨漢而北并屬荆州故曰正南李巡曰荆州其氣燥剛稟性彊梁故曰荆荆彊也釋名荆州取名於荆山也必取荆爲名者荆警也南蠻數爲寇逆其民有

道後服無道先畔常警備之也施彦士曰荆木名山多荆故曰荆山而州亦被以荆名矣

其山鎮曰衡山

補注山在今湖廣衡州府衡山縣西北三十里山周八百里有七十二峰舜典所謂南嶽也爾雅江南衡山海經中山經南海之內有衡山漢地理志長沙國湘南縣禹貢衡山在東南荆州山水經湘水注衡山東南二面臨映湘川自長沙至此沿湘七百里中有九面九背故漁者歌曰帆隨湘轉望衡九面寰宇記

宿當翼軫度應璣衡故曰衡山易祓曰衡山連亘數邑凡鄂縣之東北以至湘南縣之東南皆衡山也方輿紀要引徐靈期曰回雁爲南岳之首嶽麓爲南岳之足衡山蓋跨長沙衡州二郡之境矣

其澤藪曰雲夢陸德明釋文夢因莫紅切顏師古漢高帝紀注曰夢本如字讀又音莫紅切

補注爾雅楚有雲夢郭注今南郡華容縣東南巴邱湖是也邵晉涵曰此釋荆州之藪也禹貢荆州云雲夢土作乂職方荆州云其澤藪曰雲夢雲夢本一澤也左氏昭三年傳王以田於江南之夢定四年傳楚

子涉睢濟江入於雲中後儒遂謂夢在江南雲在江北唐人改禹貢爲雲土夢作乂以爲從古本尚書於是雲與夢分爲二地轉有致疑於職方爾雅者矣然史記夏本紀述禹貢云雲夢土爲治漢書地理志引禹貢云雲夢土作乂俱連舉雲夢則唐人所云尚書古本未足據也左傳雲夢分舉不過偶從省文耳傳文謂之江南之夢則江北有夢地可知故杜注云楚之雲夢跨江南北後儒謂夢在江南者非也吳師五戰及郢昭王自郢西走涉沮水渡江而南東行入雲

中故杜注云入雲夢澤中所謂江南之夢是雲中郎江南之夢後儒謂雲在江北者非也雲夢跨江南北統爲一藪故呂覽淮南竝連稱雲夢與爾雅同漢書地理志南郡華容縣雲夢澤在南荆州藪鄭康成職方注應劭風俗通義高誘呂覽淮南注韋昭國語注俱本漢志之文晉書地理志因於漢志無所改革故郭注亦作在華容　欽定周官義疏曰漢書地理志雲夢澤在南郡華容縣南漢華容今荆州府監利石首二縣地水經注雲杜縣今安陸府京山縣東北有雲夢城又夏水東逕監利

縣南縣土卑下澤多陂陁西南自州陵（今安陸府沔陽縣）東界逕於雲杜沌陽（今漢陽府漢陽縣）爲雲夢之藪杜預云枝江縣（今屬荆州府）安陸縣（今屬德安府）有雲夢元和志雲夢澤在安陸縣南五十里又雲夢在雲夢縣西七里（今屬德安府）然則東抵蘄州西抵枝江京山以南青山以北皆爲古之雲夢所謂雲夢一澤而每處有名者也衡案淮南墬形訓南方曰大夢曰浩澤高誘曰夢雲夢也浩亦大也司馬相如子虛賦雲夢方九百里

其川江漢

補注據一統志江水自今夔州府巫山縣入湖廣界東流至夷陵州東南流至枝江縣又東流至荆州府折而南流至石首縣又東流至監利縣又南流至岳州府折而東北流至武昌府與漢水合漢水出嶓冢山初名漾水東至南鄭縣南爲漢水東流至白河縣入湖廣界又東流經鄖縣至均州又東南流歷光化穀城二縣至襄陽縣東津灣折而南流經鍾祥縣至潛江縣大漢口復東流經漢川縣至漢陽漢口合岷江

其浸潁湛顔師古曰湛音直林反又音直減反

補注漢地理志潁川郡陽城陽乾山潁水所出東至下蔡入淮過郡三行千五百里荆州浸鄭康成曰潁出陽城宜屬豫州在此非也湛未聞杜子春云湛讀如人名湛之湛湛或爲淮黃度曰鄭氏言潁宜屬豫州據禹貢也然周人畫地或有所更革湛水酈道元水經注出犨縣北魚齒山西北東南流歷魚齒山下爲湛浦注云未聞疏也案今汝州魯山縣即漢之犨縣魚齒山在龍興連接梁縣是則周荆州界自隨巴

唐鄧東北至汝潁與豫州分界惠士奇曰江出岷山漢出嶓冢皆發源於雍州而東南流爲荆州之川潁出少室湛出昆陽皆發源於豫州而東南流爲荆州之浸葢潁之别爲㶏㶏有大小小㶏出汝南㶏彊與潁水合故潁或謂之㶏潁水又東大㶏水注之東南流逕召陵縣故城南而上承汝水枝津世亦謂之大㶏水南逕慎城西而入於潁慎故楚邑白公所居以拒吳者潁水從此會於淮故左傳謂之潁尾葢潁首陽城而尾下蔡下蔡故州來班固獨指此爲荆州浸

則其地古屬荆州矣召陵及愼漢屬汝南爲豫州在
春秋則皆楚地楚曰荆人則皆古荆州之域也湛水
北枕山山有長阪水流其下故有湛阪之名京相璠
曰昆陽縣北有蒲城蒲北有湛水東流入汝昆陽在
犨縣北而湛出犨北魚陵西北而東南流歷魚陵下
其地接方城方城卽葉縣漢昆陽屬潁川爲豫犨屬
南陽爲荆然則湛合汝從豫入荆也汝有濆酈道元
謂濆濦聲相近故世謂濆爲大濦水亦或下合濦潁
之稱則似潁湛汝濆合爲一水矣正南曰荆州江漢

汝濆皆南土國風列於周南故江漢爲川湛潁合汝濆爲浸古荆州北接陳汝控帶許洛齊語桓公南伐楚濟汝踰方城望汶山荆州諸侯莫不來服鄭語南有荆蠻申呂應鄧陳蔡隨唐所謂荆州諸侯也楚語靈王城陳蔡不羹案父城有應鄉故應國新蔡故蔡徙有大呂小呂亭故呂國定陵襄城有東西兩不羹在漢或屬潁川或屬汝南陳故陳國屬淮揚皆古荆州淮南子曰昔者楚地南卷沅湘北繞潁泗西包巴蜀東裹郯淮潁汝以爲洫江漢以爲池亘之以鄧林

綿之以方城然則潁湛卽潁汝也康成以爲宜屬豫州豈其然乎春秋傳楚令尹子瑕城郟水經注潁川郟縣汝水逕其故城南卽子瑕之所居也則潁汝宜屬荆州益信

其利丹銀齒革其民一男二女其畜宜鳥獸其穀宜稻

補注丹丹沙丹粟也齒象牙也革犀兕革也禹貢荆州厥貢羽毛齒革惟金三品礪砥砮丹淮南墬形謂江水肥仁而宜稻揚有三江荆有江漢故皆宜稻

河南曰豫州

補注禹貢荆河惟豫州爾雅河南曰豫州職方於豫州亦曰河南而南境則仍禹貢之舊春秋元命包豫之言序也釋名豫州地在九州之中京師東都所在常安豫也李巡曰河南其氣著密厥性安舒故曰豫豫舒也　欽定周官義疏曰案以華山爲鎭則禹貢雍州東南之境亦入豫邵晉涵曰禹貢豫州以荆山之北爲界爾雅豫州以漢水之北爲界是夏殷之殊制也職方云河南曰豫州又云正南曰荆州則周時荆州並有漢北之地與殷制異

其山鎮曰華山華如字又胡化反

孔注華山西嶽

補注山在今陝西華州華陰縣南華山一曰太華山海經西山經太華之山削成而四方其高五千仞其廣千里爾雅河南華華山爲西嶽漢地理志京兆尹華陰縣太華山在南豫州山顏師古曰卽華陰之華山也連延東出故屬豫州辛氏三秦記華山在長安東三百里不知其幾千仞如半天之雲括地志華山在華陰縣南八里古文以爲惇物衛案漢志右扶風

武功縣太壹山古文以爲終南垂山古文以爲惇物皆在縣東有垂山斜水淮水三祠案垂山卽武功山在太壹山南非華山也九域志華山四州之際東北冀東南豫西南梁西北雍十字分之四隅爲四州

其澤藪曰圃田圃音補

補注圃田在今河南開封府中牟縣西爾雅鄭有圃田邵晉涵曰西周時圃田在東都畿內故小雅車攻云東有甫草鄭箋以爲圃田之草也東遷後屬於鄭故左氏僖三十二年傳云鄭之有原圃杜注以爲圃

田澤是也當云周有圃田今云鄭有圃田者爾雅不
成于一人或七十子之徒據東周疆域改周作鄭衛
案穆天子傳云祭父自圃鄭來謁又云乃遣祭父如
圃鄭是此地在西周時已名鄭後至宣王封國則因
以名耳故淮南墬形訓亦云鄭之圃田從爾雅也若
呂氏春秋有始覽所云梁之圃田則據六國而言漢
志河南郡中牟縣圃田澤在西豫州藪水經注圃田
澤多麻黄草詩所謂東有甫草也西限長城東極官
渡北佩渠水東西四十餘里南北二百餘里許中有

沙岡上下二十四浦津流逕通淵潭相接各有名焉水盛則北注渠溢則南播故竹書紀年梁惠成王十年入河水於甫田又爲大溝而引甫水者也斯圃乃水澤之所鍾爲鄭隰之淵藪括地志圃田澤在管城縣東三里元和志在中牟縣西北七里

其川熒雒

補注熒周官作滎注滎兖水也出東垣入于河泆爲滎在滎陽衡案滎澤在今開封府滎澤縣南後漢書郡國志滎陽有費澤劉昭注縣東滎澤也水經注濟

水又東逕滎陽澤北故滎水所豬也京相璠曰滎澤在滎陽縣東南與濟隧合鄭康成曰自平帝以後滎澤塞爲平地滎陽民猶以其處爲滎澤在其縣東括地志在滎陽縣西北四里今成平地段長基歷代疆域表曰滎卽濰水河所出今之汴水衡案漢志滎陽不云滎水但云汴水在西南又云蒗蕩渠首受泲東南至陳入潁故後人俱疑蒗蕩渠卽滎澤蒗蕩又卽古汴水故段氏云爾不知汴與蒗蕩渠乃滎水之下流非卽滎澤也宋張洎曰禹於滎澤下分大河爲陰

溝引注東南以適淮泗至大梁浚儀縣西北後分爲二渠一渠元經陽武縣中牟臺下爲官渡水一渠始皇疏鑿以灌魏都謂之鴻溝莨菪渠然則莨菪至始皇時方有不得以當周初之滎澤段氏又謂滎即雒水疑誤段玉裁曰案雍州洛水豫州雒水其字分別自古不紊周禮職方豫州其川滎雒雍州其浸渭洛逸周書職方解地理志引職方正同雒不見於詩瞻彼洛矣傳曰洛宗周浸水也此職方氏文也洛不見於左傳傳凡雒字皆作雒如僖七年伊雒之戎宣三

年楚子伐陸渾之戎遂至於雒是也淮南墬形訓曰洛出獵山據高注爲雍州水也雒出熊耳據高注謂豫州水也漢地理志宏農上雒下云禹貢雒水出冢領山東北至鞏入河豫州川盧氏下云伊水出熊耳山東北入雒黽池下云穀水出穀陽谷東北至穀城入雒新安下云禹貢澗水在東南入雒此謂豫州水也左馮翊褱德下云洛水東南入渭北地歸德下云洛水出北蠻夷中入河直路下云沮水出東西入洛此謂雍州水也已上皆經數千年尚未誤者後人書

豫水作洛其誤起於魏裴松之引魏略

其浸陂溠溠莊加反又音詐

補注陂周官作波波水出今河南魯山縣西北歇馬嶺流入汝水案水經注波水有三一洛水注洛水又東門水注焉爾雅所謂洛別爲波也一穀水注穀水又東波水注之山海經曰瞻諸山西三十里曰婁涿之山波水出于其陰世謂之百答水一澠水注澠水又與波水合水出霍陽西川大嶺東谷俗謂之歇馬嶺川曰廣陽川非也卽應劭所謂孤山波水所出也

馬融廣成頌曰浸以波溠其水又南逕蠻城下波水
又南分三川于白亭東而俱南入溵水溵水自下兼
波水之通稱也胡渭曰鄭注云波讀爲播禹貢曰滎
播既豬春秋傳曰楚子除道梁溠營軍臨隨則溠宜
屬荆州在此非也今案滎即滎澤至周而已道爲川
故曰其川波則別是一水非滎播也章懷注馬融傳
云波水出歇馬嶺在汝州魯山縣西北汝州今屬河
南州西四十里廣成澤一名黄陂周百里有灌溉之
利後漢於其地置廣成苑爲遊獵之所澤水出狼臯

山東南流合溫泉水波水自西來注之又東南合滍水入汝此即波溠之波也馬融精于周官其頌廣成明言浸以波溠鄭違其義非是禹貢之滎波自當作播職方之波溠當讀如字不可牽合全祖望曰周禮豫州其川滎洛其浸波溠康成師古皆不知波水所在而以滎波之波當之後人或疑其非而以爾雅洛出爲波之波當之不知滎洛既爲川矣不應復以其支流爲浸也波水自當以出霍陽由瀙入汝之波爲是溠水出今湖廣棗陽東北黃山流入溳水說文以

爲荆州浸也易祓曰左傳莊四年楚令尹鬬祁莫敖屈重除道梁溠營軍臨隨杜氏以爲溠水在義陽厥縣西東南入鄖水義陽即今信陽軍之西去隨甚近唐志溠水出隨州隨縣西四十里此正古豫州之地康成以爲宜屬荆州葢漢人誤以南陽郡爲荆州而不知古荆州在荆山之南康成狥漢志而誤也胡渭曰水經注溠水出隨縣西北黃山南經㵎西縣西又東南逕隨縣故城西春秋莊公四年楚武王伐隨除道梁溠謂此水也又南流注于溳溠水流短溳水出

蔡陽縣大洪山一名清發水東南逕隨縣至安陸入

于沔溠既合溳自下可以通稱經所謂溠盖卽溳也

豫州南界至漢殷時已然周人因之呂氏春秋云河

漢之間曰豫州溠水在漢北其爲豫浸又何疑焉水

道提綱曰漢水至漢川縣溳口塘北有溠溳諸水北

自隨州南流會德安府雲夢應城數縣水來注之源

流長五百餘里段玉裁曰職方謂爲一州之浸正指

溳溠合流長五百餘里而言也

其利林漆絲枲其民二男三女其畜宜六擾其穀宜五種

孔注家所畜曰擾五穀謂黍稷菽麥稻也

補注鄭康成曰林竹木也六擾馬牛羊豕犬雞五種黍稷菽麥稻郝敬曰豫州畜穀獨全者土氣正中也衡案禹貢豫州厥貢漆枲漆漆林也周禮載師有漆林之征絲蠶絲枲麻也師古曰謂之擾者言人所馴養也

正東曰青州

補注胡渭曰周禮正東曰青州其疆域與禹貢大異鄭注云青州則徐州地也蓋以其山鎮曰沂山其川

淮泗其浸沂沭知之禹貢曰海岱及淮惟徐州又曰
淮沂其乂又曰浮于淮泗是知徐并于青也賈疏云
周之青州於禹貢侵豫州之地盖以其澤藪望諸知
之望諸卽孟豬禹貢於豫州曰導荷澤被孟豬是知
侵豫之地也疏又云周時幽州南侵徐州之地盖以
其澤藪曰貕養知之地理志瑯琊長廣縣西有奚養
澤琅琊郡屬徐州是知侵徐之地也渭案長廣故城
在今登州府萊陽縣東漢屬徐州實古青州域幽之
所侵乃青地非徐地也不但此也其川河濟其浸菑

時皆青地為幽所侵而貢不言何其疎也蓋今青登萊三府之地在青域者周時皆劃入幽其西又為兖所侵而損豫之東南境以益之徐則岱山大野皆入于兖是青亦不全得徐也鄭云青州即徐州亦言其大略而已衡案藝文類聚引太康地記青州東方少陽其色青其氣清歲之首事之始也故以為名

其山鎮曰沂山

補注山在今山東青州府臨朐縣南九十里與沂水縣接界亦曰東泰山漢地理志東盧縣東泰山汶水

所出水經汶水出朱虛縣泰山注東小泰山也元和志沂山在沂水縣北一百二十四里沂水雜記沂山有谷九十九所河分八流大曰沂汶齊乘沂山在臨朐縣南一百里卽公玉帶請漢武帝所封之泰山也一統志案鄭康成云沂山沂水所出今沂水實出沂水縣雕崖山其流北去此山尙五十餘里蓋本二山也自隋唐以來始混以此爲沂山耳

其澤藪曰望諸

補注望諸在今河南歸德府商邱縣東北接虞城縣

界呂氏有始淮南墜形皆云宋之孟諸蓋本爾雅宋有孟諸而言也邵晉涵曰殷之徐州於周爲青州故職方青州其澤藪曰望諸青州侵夏豫州之地故禹貢豫州曰被孟諸史記夏本紀作明都鄭注職方云望諸明都也詩譜作明豬左傳作孟諸與爾雅同元和郡縣志孟諸澤在宋州虞城縣西十里周回五十里俗號盟諸澤孟望明盟諸豬皆聲之轉衡案漢地理志梁國睢陽縣盟諸澤在東北

其川淮泗

補注鄭司農曰淮或爲睢賈公彥曰禹貢海岱及淮惟徐州又云淮沂其乂此在青州者周以禹貢徐州爲青州也案漢志南陽郡平氏縣禹貢桐柏大復山在東南淮水所出東南至淮陵入海過郡四行三千二百四十里青州川衡案桐柏山今在河南南陽府桐柏縣水經云出胎簪者即桐柏之支峰也易祓曰泗水漢志所載有二一濟陰郡乘氏縣泗水東南至睢陵入淮過郡六行千一百一十里一魯國卞縣泗水西南至方與入沛過郡三行五百里青州川衡案

水出今山東兖州府泗水縣東五十里陪尾山四源

竝發故名

其浸沂沭沭音術

補注沂水出山東沂州府沂水縣西北雕崖山即沂

山沭水出沂水縣北大弁山漢志沂水出泰山郡蓋

縣南至下邳入泗過郡五行六百里青州寖術水出

琅琊郡東莞縣南至下邳入泗過郡三行七百一十

里青州浸師古曰術水即沭水也薛季宣曰先鄭以

青州之淮或爲睢沭或爲洙直謂宋有灾睢魯有洙

泗會不謂青之包徐也

其利蒲魚其民二男三女其畜宜雞犬其穀宜稻麥

補注易祓曰禹貢於徐州言淮夷蠙珠暨魚周并徐於青故其利蒲魚二男三女周官作二男二女鄭康成曰二男二女其數等似誤也當與兗州同二男三女衡案遂周書所傳新舊諸本并云二男三女與兗州同不知古本如是抑亦後人因鄭注遂改二女爲三耶漢志亦作二男三女

河東曰兗州

補注禹貢濟河惟兗州爾雅濟河間曰兗州李巡曰濟河間其氣專質厥性信謹故曰兗州兗信也釋名謂兗州蓋取兗水以爲名所說是春秋元命包又謂兗之言端也誤端或作瑞亦誤易祓曰夏殷皆言濟河惟兗州謂東河之東濟河之北也周人以青兼徐而兗州又越濟之東南故徐之岱山職方以爲兗之鎮山徐之大野職方以爲兗之澤藪也故曰河東 欽定周官義疏曰案兗以岱爲鎮則其東南侵入青徐大野亦徐鎮也周無徐州蓋分隸於青兗矣禹貢兗壤最

小此稍擴焉

其山鎮曰岱山

補注山在今山東泰安府泰安縣北五里漢地理志博縣岱山在西北三禮義宗東嶽所以謂之岱者代謝之義陽春用事除故生新萬物更相代之道故岱爲名也易祓曰禹貢淮岱惟青州海岱及淮惟徐州是青州在岱山東北徐州在岱山東南周并徐入青而不以岱屬青州兖在西北實兼有其地也

其澤藪曰大野

補注鉅野澤在今山東鉅野縣東五里禹貢大野既豬爾雅魯有大野左哀十四年傳西狩於大野漢地理志山陽郡鉅野縣大壄澤在北兗州藪水經注引何承天云鉅野湖澤廣大南通洙泗北連淸濟元和郡縣志大野澤在鉅野縣東五里南北三百里東西百餘里宋史宦者楊戩傳梁山濼古鉅野澤綿亘數百里濟鄆數州賴其蒲魚之利案梁山濼今在山東兗州府壽張東南卽古大野澤之下流汶水自東北來與濟水會於梁山之東北迴合而成濼又南旺湖

爲鉅野澤之東徧縈迴百五十餘里在今汶上縣西南三十五里漕河貫乎其中西湖廣衍倍於東湖逦亘數百里而東原徐鄆諸邑又悉環列左右與古經志合邵晉涵曰大野爲爾雅沇州之藪夏屬徐州故禹貢徐州云大野既豬周屬沇州故職方兗州云其澤藪曰大野與爾雅同

其川河泲

補注據一統志徒駭河自禹城經齊河縣北八十里東北流經臨邑縣南三十里又東經濟陽縣界又東

北入武定府惠民縣界鉤盤河在陵縣東四十五里篤馬河在平原縣北經陵縣西又東北經德平縣北又東入武定府樂陵縣界寰宇記篤馬河即古馬頰河案九河故道雖不可考然南北遷徙相去不過百里遠近大都在青徐兖三州之內周職方兖州東南侵爲貢青徐之地則河爲兖川居然可見故易氏祓謂即其地考之自魏至滄凡一千三百餘里其河之東境皆兖州之域也泲爲四瀆之一禹貢濟河惟兖州濟即泲也尚書周禮春秋三傳爾雅史記風俗通

釋名皆作濟案濟水出常山房子贊皇山東入泜則又一水與泲水異泲水自王莽時大旱枯竭今山東大淸河小淸河相傳以爲卽水故道周時泲水與河亂流互相出入皆在兗州之境漢地理志河東郡垣縣禹貢王屋山在東北沇水所出過郡九行千八百四十里卽泲水也過郡九者河東河內陳留梁國濟陰泰山濟南齊郡千乘也沇水又謂之𤃩水見山海經北山經𤃩音輦又謂之衍水見水經濟水注

補注鄭康成曰盧濰當爲雷雍字之誤也禹貢曰雷夏既澤雍沮會同雷夏在城陽顔師古曰盧水在濟北盧縣康成讀爲雷非也衡案漢書地理志琅邪郡横縣故山久台水所出水經淸水注盧水即久台水也據一統志盧水在今山東靑州府諸城縣東濰水出今沂州府莒州西北九十里自箕屋山東流入諸城縣界水經注謂久台水逕東武縣故城東又北入濰濰水逕東武縣西北流合扶淇水又北合盧水盖二水交會匯而爲浸也案東武縣即今諸城縣地漢

地理志琅邪郡箕縣禹貢維水北至昌都入海過郡三行五百二十里兗州浸也

其利蒲魚其民二男三女其畜宜六擾其穀宜四種

孔注四種黍稷稻麥

正西曰雍州

補注禹貢黑水西河惟雍州爾雅河西曰雍州李巡曰河西其氣蔽壅受性急凶故云雍雍壅也釋名雍州在四山之內雍翳也太康地記雍州兼得梁州之地西北之位陽所不及陰氣壅閼故取名焉易殷曰

禹貢有雍有梁故梁爲正西而雍爲西北殷周皆省梁入雍故雍州爲正西　欽定周官義疏曰雍於中國爲正西職方無梁則雍直亘南北矣所以無梁者蜀中險遠必其有未入版圖者也以華爲豫之鎮則雍之東境有分入於豫者

其山鎮曰嶽山

孔注嶽吳嶽也

補注山在今陝西鳳翔府隴州南一名吳山史記封禪書自華以西名山曰嶽山吳山漢地理志右扶風

汧縣吳山古文以爲汧山雍州山後漢郡國志汧縣有吳嶽山古名汧水經渭水注吳山三峰霞舉疊秀雲天崩巒傾返山頂相捍望之恒有落勢國語所謂虞矣元和志吳山在吳山縣西南五十里秦都咸陽以爲西嶽今爲國之西鎮山國語謂之西吳寰宇記郭璞曰吳嶽別名開山一統志案兩漢志皆謂吳山即汧山通典元和志寰宇記俱別有汧山與吳山不相蒙近志皆因之然脈絡相連在古只是一山也

其澤藪曰弦蒲

補注弦蒲周官作弦蒲鄭康成曰弦蒲在汧鄭司農云弦或作汧蒲或爲浦案漢地里志右扶風汧縣吳山在北有蒲谷鄉弦中谷雍州弦蒲藪一統志弦蒲今在陝西鳳翔府隴州西爾雅秦有楊陓正義謂周禮弦蒲即楊陓非也水經渭水注又謂之魚龍川葢汧渭二水交滙之處也

其川涇汭

補注山海經海内東經涇水出長城北山山在郁郅長垣北北入渭又西山經高山涇水出焉而東流注

於渭淮南覽其訓嶢山崩而薄落之水涸嶢山卽高山薄落之水卽涇水墜形訓又謂涇出薄落之山是也高誘注薄落之山一名笄頭山鄭康成曰涇出涇陽汭在豳地詩大雅公劉篇汭泦之卽漢地理志定安郡涇陽縣幵頭山在其西涇水所出東南至陽陵入渭過郡三行千六十里雍州川右扶風汧縣芮水出汧山西北東入涇詩汭泦雍州川惠士奇曰雍之川莫大於汧渭班固言芮出汧東入涇是汧水入涇謂之汭也地理志汧縣汧水出西北芮水亦出西北

明汭即汧也衛案漢志明云汧水芮水不得謂汭即汧也且經以弦蒲爲藪則汧是澤渭是川不得相混大都汧涇渭汭四水互相出入而源流各别

其浸渭洛

補注鄭康成曰洛出懷德賈公彥曰洛即詩瞻彼洛矣之洛與禹貢導洛自熊耳者别案漢志隴西郡首陽縣禹貢鳥鼠同穴山在西南渭水所出東至船司空入河過郡四行千八百七十里雍州浸左馮翊懷德縣禹貢北條荆山在南下有彊梁源洛水東南入

渭雍州浸又北地郡歸德縣洛水出北蠻夷中入河其實北地郡之歸德縣乃洛水上源漢志於歸德但曰洛水懷德曰雍州浸原是一水歸德其源懷德其委耳入河即謂入渭也洛出獵山見淮南墬形訓高誘注獵山在北地西北夷中蓋即白於山之異名一統志按史記魏築長城自鄭濱洛以北有上郡漢志洛水出北地歸德縣北蠻夷中入河韋昭以爲三川之一其源流綿遠與涇渭等水經注失去洛水篇惟沮水渭水注中各一見餘雖散見他書源流不能明

晰孔安國書傳謂漆沮水亦曰洛水出馮翊北漢志懷德縣下又云洛水東南入渭今富平縣界有懷德城諸家因此遂以富平之石川河當之石川源流不遠既不得爲雍州之浸水經注此水雖有漆沮之目並無洛水之名卽漢懷德縣亦在沙苑之北不屬富平或者必欲求合其說以爲洛水有二一爲歸德之洛水入河一爲懷德之洛水卽漆沮入渭亦非也蓋漢時沮水出鄭渠東注於洛故洛水下流亦蒙漆沮之名自鄭渠廢而漆沮與洛不相入矣從來罕能知

此今以見在地界水道考之洛水上源出今榆林靖邊之南慶陽府北界東南流經延安府鄜州境入河與史記自鄭濱洛以北至上郡及漢志出歸德縣北之文皆合惟漢志懷德縣下又言入渭與水經注同而與所云入河不合蓋雜採古記故多不同非有二水且渭洛入河之處相去不遠水流遷徙勢所常有近志謂明成化中改流入河即此可見漢志入河入渭之不必過泥矣

其利玉石其民三男二女其畜宜牛馬其穀宜黍稷

補注賈公彥曰藍田見有玉山出玉石易祓曰禹貢雍州厥貢球琳琅玕孔氏謂球琳皆玉石名琅玕石似玉

東北曰幽州

補注爾雅燕曰幽州李巡曰燕其氣深要厥性剽疾故曰幽幽要也案元命包幽之言窈也釋名云幽州在北幽昧之地也太康地記以爲因於幽都爲名是矣案幽都山在今順天府昌平州三十里相傳古幽州以此名邵晉涵曰禹貢以幽州之地合於冀州爾

雅無并州幽州兼有并州之地故云燕有昭余祁昭余祁爲周禮并地之藪殷以昭余祁屬燕是爲并合於幽之證周時幽州偏於東北其正北則爲并州

欽定周官義疏曰幽之東北以醫無閭爲鎮而南至淄水則跨海而與青州接界矣

其山鎮曰醫無閭

補注山在今盛京錦州府廣寧縣西十里高十餘里周二百四十里其山掩抱六重亦名六山漢地理志遼東郡無慮縣應劭曰慮音閭師古曰卽所謂醫無

閻衡案淮南墬形作醫毋閭高誘曰醫毋閭山名在遼東屬國

其澤藪曰貕養 貕音兮

補注鄭康成曰貕養在長廣杜子春讀貕爲奚案漢地理志琅琊郡長廣有萊山奚養澤在西幽州藪貕養在今山東登州府萊陽縣在禹貢宜屬青州周時幽州南侵之地也鄭注南侵徐州據漢時言耳

其川河泲

補注易祓曰經於兖州其川河泲蓋兖州北距河而

南據泲禹貢言濟河惟兗州則爲兗州之川宜也幽州遠在東北於河泲何與蓋幽州雖跨有遼水爲東北而實西南越海兼有青州之東北境所以琅邪郡之貕養澤泰山郡之淄水千乘郡之時水皆在幽州之域光武十三年以遼東屬青州二十四年還屬幽州是幽州實可以有青州王璜張楫云九河陷海中是九河未陷之前凡登萊海岸及濱滄二州之東境皆在幽州之地與兗州東西分界故其川同列河泲其浸菑時

補注漢地理志泰山郡萊蕪縣原山甾水所出東至博昌入泲幽州浸千乘郡博昌縣時水東北至鉅定入馬車瀆幽州浸鄭康成曰菑出萊蕪時出般陽案淄水波流若漆故謂之淄水源出淄川縣東南原山一名岳陽山水多伏流潦則薄崖旱則濡軌而已時水出臨淄縣西南平地鄭謂時出般陽案漢志濟南郡般陽不言時水所出應劭曰在般水之陽豈時水一名般水乎左傳襄公三年晉將合諸侯使士匄告於齊盟於耏外耏卽時也水經注時水出齊城西南

北二十五里平地出泉即如水也亦謂之源水因水色黑俗又目爲黑水齊乘時水之源南近淄水詳其地形水脈潛伏淄所發淮南墜形訓淄出目飴時出臺台術目飴臺台術皆山名

其利魚鹽其民一男三女其畜宜四擾其穀宜三種

孔注四擾牛馬羊豕三種黍稷稻也

補注幽州跨海故有魚鹽之利

河內曰冀州

孔注所謂河內者盧文弨曰者當作都

補注爾雅兩河間曰冀州李巡曰兩河間其氣清厥性相近故曰冀冀近也案釋名云冀州取地以爲名其地有險有易帝王所都亂則冀治弱則冀彊荒則冀豐也易祓曰舜時有十二州有幽有并有冀水土既平之後以冀爲帝都省幽并入焉以餘州準之則知禹貢冀州東西南三面距河而北境則越乎常山今之灤營平諸州皆其地也殷人以冀州北境復舜之幽州而東西南皆禹跡之舊蓋東河之西西北之東南河之北也故曰兩河間周人又分冀而復舜之

并州故曰河內而已

其山鎮曰霍山

補注山在今山西平陽府霍州東南山周二百餘里南接趙城洪洞二縣界北接靈石縣界東接沚源縣界卽古太岳也漢地理志河東郡彘縣霍太山在東冀州山水經注太岳山禹貢所謂岳陽也

其澤藪曰揚紆

補注揚紆周官作楊紆鄭康成曰楊紆所在未聞顏師古曰爾雅曰秦有楊紆而此以爲冀州未詳其義

及所在也衡案職方明云冀州爾雅九藪或七十子之徒所錄其時楊紆已入之秦故據當時所見而言呂氏有始淮南墬形並依爾雅爲文蓋秦是國名冀是州名不相混也淮南作陽紆楊陽通爾雅作楊陓呂氏作陽華其實一也高誘呂氏注陽華在鳳翔或曰在華陰西其注淮南墬形訓則云陽紆蓋在馮翊池陽一名具圃兩說疑而未斷俱不足據蓋不知陽華陽紆實一地也郭璞爾雅注謂在扶風汧縣則直以雍州弦蒲藪當之矣方輿紀要引水經注楊紆即

大陸澤今水經注無此文疑顧氏之誤葢以呂氏淮南俱有晉之大陸一語冀州屬晉故以楊紆爲大陸也不知呂氏淮南於大陸外別出陽華陽紆之文則顯係二處非一地也趙一淸曰道元河水注云高誘以爲楊紆秦藪非也楊紆不屬雍州則當屬冀方矣足正羣說之失也衡案所說是據穆天子傳天子西征鶩行至於陽紆之山河伯無夷之所都居竹書紀年穆王征犬戎祭公帥師從王西征次于楊紆然則楊紆葢山也其下衍而爲藪故亦以楊紆名淮南修

務訓曰禹之爲水以身解於陽盱之河陽盱卽揚紆也其謂之河者蓋河衍而爲藪兩名兼可通稱山海經海內北經曰從極之淵深三百仞維冰夷恒都焉從極之淵卽所謂揚紆也故下文又云陽汙之山河出其中淩門之山河出其中陽汙卽陽紆也水經河水注云河水又出於陽紆陵門之山而注于馮逸之山斯藪實在其中信不易矣中山經曰陽華之山楊水出焉而西南流注于洛門水出焉而東北流注于河繕姑之水出于其陰而東流注于門水門水出于

河七百九十里入雒水案陽華之山即陽汙之山楊水即陽紆藪一曰陽盱之河一曰從極之淵其地在周初屬冀在春秋戰國屬秦自當分别觀之不得執一說以自隘也趙一清謂爾雅之陽陓又一地誤

其川漳

補注鄭康成曰漳出長子賈公彦曰地理志漳水出上黨郡沾縣大黽谷東北至阜城入河冀州川行千六百八十里長子即上黨也衡案水經漳水有二濁漳出上黨長子縣西發鳩山清漳出上黨沾縣西北

少山大黽谷據地理志冀州川是清漳道元於濁漳水引闞駰曰有潞水爲冀州浸即漳水也則濁漳爲冀浸矣山海經北山經漳水出發鳩之山謂濁漳也又云清漳之水出少山東流於濁漳之水淮南墬形訓清漳出楬戾濁漳出發包高誘注楬戾山在上黨發包山一名鹿若山亦在上黨長子二漳合流經魏郡入清河也案鹿若當作鹿谷

其浸汾潞

補注鄭康成曰汾出汾陽案漢地理志太原郡汾陽

縣北山汾水所出西南至汾陰入河過郡二行千三百四十里冀州浸說文汾水出太原晉陽山西南入河或曰出汾陽北山冀州浸水經汾水出太原汾陽縣北管涔山至汾陰縣北西注於河山海經北山經管涔之山汾水出焉西流注于河又海內東經汾水出上窳北而西南注河十三州志曰汾水出武州之燕京山亦管涔之異名也段玉裁曰案許云出晉陽山與志水經不合者志水經舉其遠源許舉其近源也汾出管涔山東南過晉陽縣東晉水從縣東南流

注之許意謂晉水卽汾水之源所謂晉陽山者葢卽
縣甕山在今太原縣西南十里晉水所出也杜注左
傳曰汾水出太原與許合今汾水出静樂縣管涔山
經陽曲縣至太原縣城東晉水入焉衡案北山經晉
水出縣雍山郭注雍音甕路周官作潞鄭康成曰潞
出歸德說文潞冀州浸也上黨有潞縣易祓曰唐潞
州潞城縣本漢潞縣屬上黨郡漳水一名潞水在縣
北闞駰曰潞水在縣北爲冀州浸卽漳也葢周以濁
漳爲潞淸漳爲漳黄度曰鄭注潞水出歸德今慶州

華池縣無潞水杜佑曰潞出密雲郡密雲縣密雲今檀州水經鮑邱水從塞外來經密雲戍過幽州潞縣西酈道元曰鮑邱水入潞通得潞稱俗稱東路此殆杜佑所謂密雲之潞也是在幽界非冀浸矣酈道元謂他川無可爲浸者巨浪長川惟漳水耳　欽定周官義疏曰潞水有二其一卽濁漳乃一水而二名闕駰謂潞水卽漳水今潞安府潞城縣因水得名者也其一自塞外經密雲至天津入海者卽今京東之北運河名爲白河亦曰潞河杜佑通典所指也諸儒皆

以濁漳當之則一水而旣謂之川復謂之浸豈其流者謂之川而潴者謂之浸與又漢時兩歸德縣一屬汝南一屬北地皆與河内冀州無涉漢志於北地郡歸德縣言洛水出非潞水也以康成之精博寧當以洛水爲潞水乎顔師古注漢書亦依鄭說不可曉也北地歸德今慶陽府東北雍州之域豈可以言冀州邪易氏黄氏以濁漳爲潞正在冀州之地但川與浸同是一水可疑耳全祖望曰職方冀州之川曰漳其浸曰汾潞漢書地理志上黨郡長子縣鹿谷山濁漳

水所出東至鄴入清漳上黨郡沾縣大黽谷清漳水所出東北至阜城入大河過郡五行千六百八十里冀州川其於汾水則亦大書爲冀州浸矣而潞水獨不著其地不知何以脫遺也康成之說職方則曰潞出歸德賈公彦曰歸德郡名攷之漢無歸德郡之目師古亦曰潞出歸德案地理志北地郡歸德有洛水是雍州浸非潞水也康成師古亦未嘗明言潞之爲洛然舍洛水則歸德無水矣將毋誤認洛爲潞豈非輿地中一笑柄乎夫使潞水果出泰之北地則必歷

鄜坊度同華如沸之伏流過河而後入晉其源遠而且阻秦晉間無此水道也所以漢人曾無一道及之者然則所謂潞水者究安所指善長引闞駰十三州志之言以爲濁漳水卽潞水其說甚合故李衛公亦取之蓋潞之以水氏國也可無疑也近舍赤狄而遠求諸北地義渠所出道梗絕不相接之水可謂瞶瞶而潞子之都適在濁漳水之發軔善長以爲更無大川可以當之者是也然善長之言甚略予意自壺關水一帶皆屬潞水之上流其下流則直接蒼溪水一

帶而止其在春秋則自黎邢二國故封以至甲氏留吁之屬接乎銅鞮之沁水皆屬潞水之所浸也然則衡漳二水清者爲川濁者爲浸禹貢之不及潞水也其在衡漳中已包舉之矣康成說職方大段疏略善長此條足采入周禮注中同時劉昭注續志亦言濁漳之爲潞引上黨記以證之乃知是說由來已久然昭又旁及於曹魏洵河盤渠之役則大謬矣蓋此乃涞易間晚出之支流非古潞水杜佑不審而采之所當糾正者也段氏說文注曰鄭云潞出歸德此謂潞

卽洛耳案班許皆云洛出歸德北夷界中漢歸德在
今甘肅慶陽府境洛水在今陝西同州府境入河非
冀州地也且雍州旣曰其浸洛矣安得又爲冀浸鄭
注於雍州云洛出懷德冀州云雒出歸德蓋由株守
地理志而未思志歸德下言其源懷德下言其委一
水兩言不當改洛爲雒以屬冀州自雍入冀古無此
水以當之許但云冀州浸不言何出何入不欲强爲
之說蓋此浸自周初迄今湮沒不彰古今變遷大類
如斯如大河故瀆泲水枯絕沔水不出嶓冢皆無可

疑者班許皆不言路之源流此可以正鄭注矣

其利松柏其民五男二女其畜宜牛羊其穀宜黍稷二女周官作三女

補注賈公彥曰其利松柏霍山見有松柏焉

正北曰并州

補注春秋元命苞并之爲言誠也太康地記并州不以衛水爲號又不以恒山爲名而云并者蓋以其在兩谷之間乎案淮南墬形正西弇州曰并土高誘注并猶成也八月建酉百穀成熟故曰并土也易祓曰

舜時有并州禹貢以并入冀殷因之周復分冀立并州以天下之勢言之冀州在西河之東雍州在西河之西而并州在冀州之北故曰正北

其山鎮曰恒山

補注山在今直隸定州曲陽縣西北百四十里亘保定府西境及山西大同府東境爾雅恒山爲北嶽史記趙簡子告諸子曰吾藏寶符於常山之上常山即恒山也漢地理志上曲陽縣恒山北谷在西北有祠并州山隋地理志恒陽縣有恒山元和志恒山在曲

陽縣地一百四十里名山記恒山高三千九百丈上
方三千里周迴三千里

其澤藪曰昭餘祁

補注昭餘祁在今山西汾州府平遥縣鄭康成曰昭餘祁在鄔水經汾水又南過大陵縣東道元注汾水於縣左逈爲鄔澤廣雅曰水自汾出爲汾陂其陂東西四里南北一十餘里陂南接鄔地理志曰九澤在北并州藪也呂氏春秋謂之大陸又名之曰漚夷之澤俗謂之鄔城泊許慎說文曰滆水出西河中陽縣

北沙南入河卽此水也又侯甲水發源祁縣胡甲山又西北歷宜歲郊逕太谷謂之太谷水流逕祁縣故城南自縣連延西接鄔澤是謂祁藪也卽爾雅所謂昭餘祁矣藪東原曰道元所言鄔澤北起大陵南接鄔正今平遥之西孝義之東介休之北最爲洿下汾州轉徙不常之地說文之漹水乃入河非入汾道元就漹字與鄔字牽合孟堅以鄔縣北九澤當周職方昭余祁然爾雅稱晉有大陸燕有昭餘祁呂氏春秋稱晉之大陸趙之鉅鹿燕之大昭而周禮昭餘祁與

虖池漚夷涞易並舉鄭康成云嘔夷祁夷歟考嘔夷即滱水出靈邱祁夷出平舒並今大同府境源流各別道元溷昭餘祁大陸嘔夷而一之尤誤嘔夷亦川而非澤祁縣本晉祁氏之田因一祁字而牽昭餘於祁縣因一夷字而疑嘔夷即祁夷古人言地且彼此交糾又何多責後之地志歟爾雅呂覽所稱昭餘祁大昭繫之燕燕之不得跨太原而有祁平遥介休甚明衡案呂氏有始九藪晉之大陸燕之大昭明係二地道元合而一之顯是訛誤大昭淮南作昭余高誘

注曰昭余今大原郡是古者屬燕也禹貢雖指曰冀州有三大陸一在鉅鹿郡北班固係諸禹貢又名鉅鹿澤呂氏春秋云趙有鉅鹿又名廣河澤爾雅晉有大鹿孫炎曰今鉅鹿縣廣河澤是也此與禹貢之大陸也一在河內脩武縣左傳定公元年魏獻子田于大陸還卒于甯杜預云大陸疑即吳澤陂近甯是也一在太原鄔縣班固云九澤在縣北是謂昭餘祁并州藪酈道元云呂氏春秋謂之大陸是也斯二者皆非禹貢之大陸也衡案胡氏之辨甚悉然大陸在禹

貢時尚未衍而爲藪至爾雅呂覽淮南始以大陸備九藪十藪之數而且大陸是晉藪鉅鹿是趙藪昭余祁是燕藪呂氏淮南二書甚爲分析今若合而一之則九藪爲七藪矣或且謂大陸是楊紆則九藪爲六藪矣據一統志昭餘祁在今山西汾州府平遥縣不知諸書皆各據現在而言爾雅游夏之徒所續呂氏不韋門客所作自据當時地圖而爲豈得訛誤淮南本于呂氏則昭余於戰國時自當在燕職方乃西周之書當時輿地定在并州豈得以爾雅呂氏淮南疑

之

其川虖池嘔夷虖音呼池徒河反嘔於侯反一音區

補注虖池今在山西代州繁峙縣東北泰戲山至直隷天津府靜海縣小直沽入海虖沱出泰戲山見山海經北山經淮南墬形訓呼池出魯平高誘注魯平山名鄭康成曰虖池出鹵城案漢志代郡鹵城縣虖池河東至參合入虖池別過郡九行千三百四十里并州川從河東至文安入海過郡六行千三百七十里嘔夷即滱水在今山西大同府渾源州翠屏山東

南流入直隸易州廣昌縣界北山經高是之山滱水出焉今翠屏山即古高是山漢志靈邱縣滱河東至文安入大河過郡五行九百四十里并州川鄭康成曰嘔夷祈夷與出平舒案祁夷則又一水據漢志平舒縣祁夷水北至桑乾入沽與滱水東至文安入海迥不相涉水經滱水出代郡靈邱縣高是山道元曰即嘔夷之水也出縣西北高是山又夷祁水附見于瀃水水出平舒縣徐廣曰平舒在代則是嘔夷祁夷判然兩地康成之誤所不待言說文滱水北地靈邱

東入河滱水即漚夷水并州川也北地當作代郡案
滹池嘔夷本一水相連滹沱河一名徒駭河一名子
牙河其上流曰瓠𤬁河又轉而爲胡盧河蓋即嘔夷
也其下流即禹貢之衛水據北山經滱水東流注於
河河即指虖沱漢志謂滱水東至文安入大河虖池
河亦從河東至文安入海是則滱水至文安入虖池
即由虖池入海尢爲二水合一之明證

其浸淶易

補注淶水即今直隸保定府拒馬河水有二源俱發

崍山一水東南流卽督亢溝一水西南出卽淶之故瀆鄭康成曰淶出廣昌案漢志代郡廣昌縣淶水東南至容城入河過郡三行五百里并州浸易有南易北易中易兼有濡雹之稱濡水今在定興縣西自易州流入與易水合今名沙河是曰北易水雹水自易州流入逕安肅縣北門外又東南逕容城縣南二十里又東南逕安州北二十里又東逕新安縣西南與依城河合爲長流河卽古南易水雹水亦名鮑河又易水在定興縣西南自易州流入與巨馬河合卽中

易也鄭康成曰易出故安案漢志涿郡故安縣閻鄉

易水所出東至范陽入濡并州川水亦至范陽入淶

然則淶易亦一水相連而異名者也水經易水注南

濡北易至涿郡范陽縣會北濡又並亂流入淶

其利布帛其民二男三女其畜宜五擾其穀宜五種

孔注五擾牛馬羊犬豕五種黍稷菽麥麻案周官鄭注麻作稻

乃辯九服之國方千里曰王圻文選陸機漢高祖功臣頌注引周書乃辯九服之國

孔注圻界也

補注王畿之內地方千里中置國城其外爲壘里任

國中之地又其外爲場圃任國地又其外爲宅田士田賈田任近郊之地又其外爲官田牛田賞田牧田任遠郊之地又其外爲公邑之田任甸地又其外爲家邑之田任稍地又其外爲小都之田任縣地又其外爲大都之田任畺地郊地四同中置六鄉遠郊之外爲甸甸地十二同中置六遂甸外爲稍稍地二十同稍外爲縣縣地二十八同縣外爲畺畺地三十六同

其外方五百里爲侯服

孔注爲王者斥候也服言服王事也

又其外方五百里爲甸服

孔注甸田也治田又入穀也盧文弨曰又字衍

又其外方五百里爲男服

孔注男任也任王事

又其外方五百里爲采服盧文弨曰舊脫此句今依周官補衛綵文選劉越石勸進表九服崩離李善注引周書乃辨九服之國方千里曰王圻其外曰侯服甸服男服采服衛服蠻服夷服鎮服是古本有采服夷服二句切證

補注盧文弨曰采事也爲王事民以供上

又其外方五百里爲衛服

孔注爲王扞衛也

又其外方五百里爲蠻服

孔注用事差簡慢

補注賈公彥曰蠻之言縻以政教縻來之蠻服大司馬謂之要服亦是要束爲義

又其外方五百里爲夷服盧文弨曰舊脫此句亦依周官補

又其外方五百里爲鎮服

孔注□□□□□□盧文弨曰脫六字案鎮者言鎮守之

又其外方五百里爲藩服何晏魯靈光殿賦侯衛之班藩服之職注周書有侯衛藩服

孔注藩服屏四境也

補注賈公彥曰藩者以其最在外爲藩離

凡國公侯伯子男以周知天下

孔注周徧

補注案周官云凡邦國千里封公以方五百里則四公方四百里則六侯方三百里則七伯方二百里則二十五子方百里則百男以周知天下鄭康成曰以此率徧知四海九州邦國多少之數也

凡邦國大小相維王設其牧大小周官作小大

孔注維持也牧謂牧御天下之政教

補注鄭康成曰相維謂大國比小國小國事大國各有屬相維聯也設其牧者選諸侯賢者爲牧使牧理之買公彥曰王制五國以爲屬屬有長十國以爲連連有帥三十國以爲卒卒有正二百一十國以爲州州有伯亦相維之義牧即太宰建其牧是也

制其職各以其所能

孔注連卒牧監各任能也

補注蓋如長人安人之類

制其貢各以其所有

孔注土地所有乃貢之

補注賈公彥曰即太宰九貢小行人春入貢及禹貢厥篚厥貢之類

王將巡狩則戒於四方曰各修平乃守攷乃職事無敢不敬戒國有大刑

孔注攷成也不敬則犯大刑也職方所□盧文弨曰注末或是脫一莅字衡案空方疑是司字

補注鄭康成曰乃猶女也守謂國竟之內職事所當共其賈公彥曰職方氏旣主四方諸侯故至十二年王將巡守之時先以文書戒敕於四方

及王者之所行道率其屬而巡戒命王殷國亦如之

孔注王十二歲一巡狩職方白所戒之命其不巡狩三年六服盡朝謂之殷國巡戒命亦如巡狩也

補注鄭康成曰殷猶衆也十二歲王若不巡狩則六服盡朝謂之殷國其戒四方諸侯與巡狩同賈公彥曰王殷國所在無常或在畿內國城外卽爲之或向

畿外諸侯之國行之故有戒令之事也黃度曰大宗伯之職殷見曰同大行人職殷同以施天下之政此經曰殷國正謂時巡朝諸侯於方岳考制度大明黜陟也言殷國則巡狩可知注謂十二年王若不巡狩則六服盡朝謂之殷國非也此年有故不出則次年亦當出矣　欽定周官義疏曰殷國或在王城之外或在侯國皆有之王巡狩亦因而舉此禮然究不可與巡狩併作一事也此經上言巡狩而下云王殷國亦如之則巡狩與殷國為二事明矣但殷國不必於

十二年王不巡狩之期乃舉之蓋朝覲之隆禮非因不巡狩故也

逸周書卷十九終

逸周書卷二十

晉孔晁注　　江都陳逢衡補注

芮良夫解第六十三

胡應麟三墳補逸曰芮良夫解通章俱格言軌論而辭氣絶類成宣間非戰國時人筆也序稱芮伯納王於善暨執政小臣咸省絶𢎞作爲此書按紀年厲王八年初監謗芮良夫戒百官於朝書辭所云民至億兆后一而已寡不敵衆后其危哉又云賢智箝口爲王之患其惟國人皆與監謗意合所謂爾執政小子

惟以貪諛爲事不勤德以備難偷生苟安爵以賄成下民胥怨予足靡措正指榮夷公輩至曁禍溉災未知王之所定等語隱然若預知流彘之事者國語但稱芮良夫諫厲王用榮夷公而監謗獨載召公之語非竹書紀此幾不知所謂矣衛案應麟所引賄成作戮成予足作於足此傳寫之訛今改正又苟安上脫偷生二字今補

芮伯若曰予小臣良夫稽道謀告

孔注伯爵若順也順其事而告之也

補注芮良夫書顧命芮伯之後稽考也道猶事也謀

嘉謀告入告也案芮伯若曰者猶書大誥康誥酒誥之王若曰君奭立政之周公若曰也乃秉筆者推原語意而而代爲文之之辭孔解若順也誤

天子惟民父母致厥道無遠不服無道左右臣妾乃違

孔注無道無德政違畔也

補注無遠不服德所致也左右臣妾乃違令不行也

民歸於德德則民戴否則民讎玆言允効於前不遠

孔注言驗於前世不遠言近

補注民心無常惟惠之懷故曰民歸於德德則民戴

撫我也否則民讎虐我也

商紂不道夏桀之虐肆我有家

孔注舉桀紂惡滅亡爲戒也

補注周厲無道與桀紂同艮夫不敢斥言王故曰肆我有家肆故今也我有家非王而何

嗚呼惟爾天子嗣文武業惟爾執政小子同先王之臣昏行口顧道王不若空闕疑是弗字

孔注同爲昏闇教王爲不順

補注惟爾天子嗣文武業尊其名重其任以警之也

惟爾執政小子同先王之臣謂以左右便辟上與執政大臣並列執政小子卽指虢公長父榮夷終韓召穆公民勞之篇所謂戎雖小子而式宏大也道與導

同

專利作威佐亂進禍民將弗堪

孔注專利侵民佐亂進於禍也

補注此昏行導王之實事周語厲王說榮夷公榮公好專利而不知大難是其專利之證又云得衛巫使監謗者以告則殺之國人莫敢言是其作威之證左

昭二十六年傳曰至於厲王王心戾虐萬民弗忍居

王于彘是其佐亂進禍民將弗堪之證

治亂信乎其行惟王暨爾執政小子攸聞

孔注行善則治行惡則亂皆所聞知

古人求多聞以監戒不聞是惟弗知

孔注言古人患不聞故有所不知也

補注求多聞以監戒監前車也不聞是惟不知則當引求老成金石之論矣良夫葢將以治亂之說戒王及執政小子故先以引之下文后除民害至如之戒

王命爾執政小子至不其亂而戒執政小子以予小臣良夫至其惟國人申戒王嗚呼至惟爾之禍申戒執政小子

后除民害不惟民害害民乃非后句惟其讎

孔注害民是與民爲怨讎

補注除民害如堯舜禹湯文武害民如桀紂

后作類后弗類民不知后惟其怨

孔注言民不從上命從其所行類善也不知君則怨深矣

補注上文乃非后者不成爲后也此云不知后者民不以爲后也

民至億兆后一而已寡不敵衆后其危哉

孔注言上下無義對共相怨則寡者危也

補注禮天子曰億兆言德愈廣民愈多也夏書五子之歌曰予視天下愚夫愚婦一能勝予予臨兆民凜乎若朽索之馭六馬又曰萬姓仇予予將嚋依芮伯蓋深有監於太康失國而竊念此時民心已去故以衆寡不敵爲王告之毋如王之惑溺已深故卒有圖

宫之禍

嗚呼□□□如之〔案此條脫誤不止空三字〕

孔注□□人養食之則擾服雖家畜不養則畏人治民亦然也〔盧文弨曰注首有脫文或是禽獸猶本不空非〕

今爾執政小子惟以貪諛爲事不懃德以備難〔難去聲〕

孔注專利爲貪曲從爲諛

補注惟以貪諛爲事則民受其虐矣不懃德以備難則禍至無日矣柔柔之刺所以興也

下民胥怨財力單竭手足靡措弗堪戴上不其亂而

孔注言民相與怨上上加之罪民不堪命而作亂

補注詩小雅桑柔序云芮伯刺厲王也其首章曰捋采其劉瘼此下民其次章曰民靡有黎具禍以燼其十一章曰民之貪亂寧爲荼毒芮伯一詩一書與苦口藥石也其如小子蹻蹻何哉不其亂而言必亂也

以予小臣良夫觀天下有土之君

孔注有土謂之諸侯也盧文弨曰之字疑衍衡案謂字當作有土上之字不必衍

厥德不遠罔有代德

孔注言無遠德罔有天下也

時爲王之愚其惟國人

孔注是國人爲愚也

補注盧文弨曰言今諸侯無若湯武者故患不在諸侯而在國人言內潰也衡案汾王居彘十五年芮伯蓋已逆料其必然矣故孟子曰得乎邱民而爲天子

嗚呼惟爾執政朋友小子其惟洗爾心改爾行克憂爾愆以保爾居

孔注洗心改行憂往過則安爾之居位

補注小人攬權未有不植黨者桑柔曰嗟爾朋友總

括之辭也能洗心改行則無専利作威之事

爾乃曠禍斁哉遂弗竣予未知王之所定矧乃□□盧文弨曰缺處疑是小子二字衡案孔注當是諫臣二字

孔注曠陽不闘斁心不惕悛改矧況也尚不知王定況貧諫之臣能得其所也

補注詩大雅板凡伯刺厲王也詩曰天之方難無然憲憲天之方蹶無然泄泄是其曠禍斁哉之證予未知王之所定蓋不敢斥言奔竄也

惟禍發於人之攸忽於人之攸輕□不存焉變之攸伏

孔注言人所輕忽則禍之所起謂下民也

補注所謂變生肘腋不可測也空方疑是罔字焉於也謂大命之傾罔不存於變之所伏也

爾執政小子不圖善偷生苟安爵以賄成

孔注苟且無遠慮賄賂不任德

補注偷生苟安如燕雀處堂而不知火將及已也爵以賄成則國事不可問矣

賢智箝口小人鼓舌逃害要利並得厭求唯曰哀哉要平聲

孔注賢者靖默以逃害小人佞諂以要利各得其求

君子爲之哀者也

補注賢智箝口小人鼓舌所謂黃鍾毀棄瓦釜雷鳴也

我聞曰以言取人人飾其言以行取人人竭其行飾言無庸竭行有成

孔注君子不以言舉人無功故也欲行有成故也

惟爾小子飾言事王實蕃有徒王貌受之終弗獲用面相誣蒙及爾顛覆

孔注蕃多徒衆言非一也貌謂外相悅而無實也君

臣之相誣蒙必相及其顛覆之也盧文弨曰之字衍

補注面相誣蒙謂欺罔也及爾顛覆謂死亡也

爾自謂有餘予謂爾弗足敬思以德備乃禍難難去聲

孔注言其不足於道義也以用也乃汝也

補注有餘寬裕之貌不足竭蹶之象敬思以德備乃禍難猶所謂憝德以備難也

難至而悔悔將安及無曰予爲惟爾之禍難去聲

孔注爲不言也

補注無曰予爲言無以予爲此過激之言也惟爾之

禍故不憚苦口與予豈不知而作同義

太子晉解第六十四

世以太子晉爲王子喬非也太子晉亦稱王子晉王子即太子王子二字聯子晉二字不聯世單呼子晉亦非也其誤始於列仙傳王子喬周靈王太子晉之說後漢書王喬傳或云此古仙人王子喬也按王喬或可稱王子喬斷不可稱王子晉以王子晉之王子是太子之稱號而王喬之王則其姓也王符潛夫論志氏姓篇周靈王之太子晉幼有成德聰明博達溫

恭敦敏穀維水鬭將毀王宮欲壅之太子諫以爲不順天心不若脩政晉平公使叔譽聘于周見太子與之言五稱而三窮逡巡而退歸告平公曰太子晉行年十五而譽弗能與言君請事之平公遣當是遣字師曠見太子晉太子晉與言師曠服德深相結也乃問曠曰吾聞太師能知人年之長短師曠對曰女色赤白女聲清汗火色不壽晉曰然吾後三年將上賓於帝女愼無言殃將及女其後三年而太子死孔子聞之曰惜夫殺吾君也世人以其豫自去期白去疑是知亡故傳

稱王子喬仙仙之後其嗣避周難於晉家於平陽因氏王氏其後子孫世喜養性神仙之術案潛夫論所云王子喬仙者喬高也喬仙謂昇仙也唐則天后封王子晉號爲昇仙太子事載舊唐書禮儀志然則喬與仙字聯不與王子聯而其作昇仙太子碑乃曰字子喬亦誤至葉令之王喬在東漢應劭風俗通曾於葉令祠辯之以爲葉令是春秋時楚令尹葉公子高葉人追思而立祠後又引周書太子晉一段文與潛夫論彷彿則在應氏方且以葉令與王喬無涉而曾

以爲即王子晉乎路史高辛紀靈王之太子超古幼有成德以諫廢年十八而薨晁爲晉子宗敬爲司徒號王子家平陽爲王子氏田氏繇氏王人氏王氏李氏拓王氏可頻氏乙速孤氏此謂王姓出自王子晉後頗得則非晉及身之姓可知羅氏又註云字子晉或云名晉亦云謚或云字子喬坤鑑云字開山俱妄夫知子喬開山諸名之妄而不知超古之妄此羅氏之蔽也此篇世人頗疑爲淺陋然較之殷祝解猶爲典雅而殷祝解之文伏氏尚書大傳已述之則其並

爲戰國時文無疑蓋其事與諫壅穀洛同載周策國語得其精而遺周書拾其粗也故潛夫述之風俗通亦述之。

晉平公使叔譽于周見太子晉而與之言

孔注叔譽者大夫叔向也周靈王太子名晉也

補注平公悼公子名彪叔譽羊舌肸也字叔向食邑於楊又曰楊肸悼公時使傅太子彪平公卽位肸爲太傅按周語羊舌肸聘於周卽次於穀洛鬬之後蓋卽靈王二十二年事也

五稱而三窮逡巡而退其言不遂三窮舊作五窮據潛夫論改御覽三百八十五引作五窮言字舊脫據御覽百四十六增唐武后昇仙太子碑亦云屈叔衆于三窮

孔注五稱說五事遂終也

歸告公曰太子晉行年十五而臣弗能與言

孔注告平公稱其賢才也

補注太平御覽三百八十五引尸子曰蒲衣生八年舜讓以天下周王太子晉生八年而服師曠困學紀聞十引尸子同下注云太子事見周書然今本周書俱作行年十五尸子以太子晉與蒲衣類舉誤也庾

信哀江南賦王子濱洛之歲蘭成射策之年倪魯玉注引此條訛作竹書紀年盖未檢閲逸周書故也又注云濱洛之歲蓋言十五歲也沈約安陸王碑云蓋同王子濱洛之歲實惟辟彊侍從之年俱云十五也衡案昭明太子書云不追子晉事似洛濱之遊洛濱濱洛一也皆用遊伊洛事然遊伊洛出列仙傳並不云王子年歲止云接上嵩山二十餘年若必求典於十五則惟此解可據

君請歸辭兢復與田若不反及有天下將以爲誅

孔注聲就復與周之二邑名周衰晉取之也晉取周聲就復與川不見經傳孔以爲二邑俟考

平公將歸之師曠不可曰請使與臣往與之言若能懞予反而復之

孔注師曠晉大夫無目故稱瞑懞寢也度謀還與否也

補注師樂師曠其名也胡應麟曰叔向諷平公反侵地而師曠以葵止之果爾晉人亦可誅哉

師曠見太子稱御覽一百四十六稱上有先字曰吾聞王子之語高於泰

山夜寢不寐晝居不安不遠長道而求一言山安言協

孔注言高於泰山言無上也不安至飢渴也

王子應之曰吾聞太師將來甚喜而又懼吾年甚少見子而懾盡忘吾其度懼度協御覽引作吾聞太師將來吾心甚喜既見子喜而又懼楊本作吾心甚喜既已見子喜而又懼未句無其字

孔注懾而忘度所以爲謙

師曠曰吾聞王子古之君子甚成不驕自晉始如周行不知勞驕勞協

孔注有成德不以驕易也

補注自晉始如周行不知勞師曠自謂曠先未嘗至周故曰始言王子有古君子之德故欣慕而來不知勞瘁也

王子應之曰古之君子其行至慎委積施關道路無限百姓悅之相將而遠遠人來驩視道如咫慎限協遠咫協

孔注言已不及古君子咫喻近

師曠告善又稱曰古之君子其行可則由舜而下其孰有廣德則德協

孔注問舜已下可法則之君子也

補注案下文師曠磬然又稱曰温恭敦敏與王子應之曰穆穆虞舜二節當在此條前蓋先以舜德爲問次則問舜以下可法則之君子故曰由舜而下其孰有廣德尋文按義的係錯簡

王子應之曰如舜者天舜居其所以利天下奉翼遠人皆得已仁此之謂天所下協人仁協

孔注言其仁合天道

如禹者聖勞而不居以利天下好取不好與必度其正是之謂聖下與協正聖協之謂舊倒今改正

孔注盡力溝洫勞也貪財利篤其功合聖道也

補注勞而不居不矜不伐也必度其正聲律身度也

好取不好與當作好與不好取孔以貪財利訓此不

合

如文王者其大道仁其小道惠三分天下而有其二敬人

無方服事於商既有其衆而返失其身此之謂仁惠二協方商協身仁協盧藏明曰返當作反注同

孔注以其仁德人惠懷之行無常唯賢所在勞謙恭

儉日夜不息反失之勤行無常上疑脫一字勤盧本作也盧藏明曰舊作勸訛衛

案勤字不誤

補注渾而言之謂之仁析而言之謂之惠三分天下有其二見論語言民心俱已歸周其化仍未遍者但紂都及黨惡之國耳敬人無方因人之材德而生敬不以常格拘用賢之典猶成湯立賢無方之意程典解文王合六州之侯奉勤於商是其服事之證既有其衆而反失其身謂文以得衆遭紂之忌而不免憂患也盧文弨曰似指囚於羑里衡案潛夫論賢難篇曰文王以仁故拘此之謂也

如武王者義殺一人而以利天下異姓同姓各得其所是之謂義下所協盧文弨曰其所是三字傳脫從沈增衡案楊本作各得其儀此之謂義故孔氏有儀善二字註盧本末句義作儀誤

孔注一人紂也儀善

師曠稱善又稱曰宣辨名命異姓惡方王侯君公何以為尊何以為上方上協

孔注問其事儀

補注莊子深察名號曰古之聖人謞而效天地謂之號鳴而命施謂之名名之為言鳴與命也號之為言

謞而效也謞而效天地者爲號鳴而命者爲名惡方疑作異方晉語曰異姓則異德異德則異類方猶並

子所謂方科也

王子應之曰人生而重丈夫謂之胄子胄子成人能治上官謂之士

孔注胄□盧本刪此二字注

補注胄子稺子也未冠之稱上官大官也士指卿士

士率衆時作謂之伯伯能移善於衆與百姓同謂之公盧文弨曰北堂書鈔四十六率衆作齊衆

孔注作謂農功同謂好義

補注率衆則能教時作則能甯伯者明白其德也謚

法解立制及衆曰公

公能樹名生物與天道俱謂之侯侯能成羣謂之君

孔注立名生物謂化施於民也成謂成物羣謂之爲

長也

補注白虎通侯者候也候順逆也能候順逆則與天

道俱矣君者羣也說見前謚法解

君有廣德分任諸侯而敦信曰子一人

孔注敦厚也

補注曲禮朝諸侯分職授政任功曰予一人白虎通曰臣下謂之一人所以尊王者也以天下之大四海之內所共尊者一人耳

善至于四海曰天子達于四荒曰天王

孔注四海四夷四荒四表

補注曲禮君天下曰天子蓋子三代改制曰天祐而子之稱天子白虎通天子者何爵稱也爵所以稱天子者何王者父天母地爲天之子也曲禮臨諸侯畛

於鬼神曰有天王某甫崩曰天王崩告喪曰天王登假史記孝文紀大横庚庚予爲天王夏啓以光卜人曰所謂天王者乃天子獨斷曰天王諸夏之所稱天下之所歸往故稱天王衡桀天王者卽書所謂天子作民父母以爲天下王也四海四荒見爾雅釋地據山海經大荒諸經及海外諸經之外則四荒固遠於四海也

四荒至莫有怨訾乃登爲帝

孔注訾烺恨也合五等之尊卑而論事義以爲名也

補注四荒莫有怨訾書所謂協和萬邦黎民於變時雍也登升也帝則無以加矣

師曠磬然又稱曰溫恭敦敏方德不改聞物□□下學以起上登帝臣乃參天子自古誰能（能字舊脫盧文弨曰卜本有能字今據補）

孔注磬然自嚴整也方道初本也起其物義也問最賢之人也

補注磬然當如磬折之義蓋心服王子之言而不覺其身之俯也溫恭敦敏言其質方德即董子王者方也之方師曠蓋隱以舜德爲問故有上登帝臣乃參

天子云云案此與下王子應之曰二節當在前古之君子其何可則前說見上

王子應之曰穆穆虞舜明明赫赫立義治律萬物皆作分均天財萬物熙熙非舜而誰誰下舊衍能字今刪盧文弨曰誰字與上財熙韻協

孔注律法也謂致其物也熙熙和盛言舜臣堯功德如此也

補注穆穆恭己之貌明明赫赫光顯也立義治律則人道盡故萬物皆作作謂興起也天財天祿也功德大者受大爵土功德小者受小爵土故曰分均天財熙熙含哺鼓腹之象

師曠東躅其足曰善哉善哉

孔注東躅踏也

補注躅以足擊地也東躅者向王子也王子居主位故在東

王子曰太師何舉足驟師曠曰天寒足跔是以數也數入聲

孔注驟亦數也王子戲問故曠戲答

補注盧文弨曰足跔舊作足躅按說文曰跔天寒足跔也從足句聲陸氏莊子釋文亦引作跔李登聲類曰偏舉一足曰跔今定作跔紀於求於二反衡案玉

篇寒凍手足跔不伸也又史記張儀傳跣跔科頭注
偏舉一足曰跣跔
王子曰請入坐遂敷席注瑟師贖歌無射曰國誠寧矣遠人來觀脩義經矣好樂無荒射音亦樂音洛寧經協觀荒協
孔注交言於堂故更入燕家坐歌此辭而音合於無射之律
補注敷布也注如挹彼注茲之注王子乃手取瑟以授之故曰注國誠寧矣遠人來觀贊美之辭也脩義經矣好樂無荒戒勉之辭也

乃注瑟於王子王子歌嶠曰何至南極至於北極絕境越國弗愁道遠（極國協）

孔注嶠曲名師曠作新曲美王子也王子述舊曲諫也（諫字誤當作謙）

補注爾雅釋山山銳而高曰嶠王子蓋謙言無德致此故言何自南極至於北極云云也南極北極極遠之度或曰王子歌嶠嶠與喬通後世因有王子喬之誤說文趫善緣木走之才讀若王子蹻衡案當云讀若王子歌嶠之嶠段氏說文注曰王子蹻蓋即王子

爲周宣王太子晉也其說亦誤

師曠蹴然起曰瞑臣請歸

孔注蹴然疾貌

王子賜之乘車四馬曰太師亦善御之唐昇仙太子碑錫師曠以四馬本此

孔注禮爲人子三賜不及車馬此賜則白王然後行可知也

補注四馬曰乘孔注三賜不及車馬見曲禮謂爲人子者不敢以車馬予人坊記曰父母在饋獻不及車馬示民不敢專也

師曠對曰御吾米之學也王子曰女不爲夫詩詩云馬之剛矣轡之柔矣馬亦不剛轡亦不柔志氣麃麃取予不疑是以御之

孔注馬不剛轡不柔言和擾也麃麃亦和擾也不疑和之心也

補注左襄二十六年澶淵之會國子賦轡之柔矣杜注逸詩見周書義取寬政以安諸侯若柔轡之御剛馬正義曰漢書藝文志無周書篇目其書今在數云是孔子刪尙書之餘案其文非尙書之類彼引詩云

馬之剛矣轡之柔矣馬亦不剛轡亦不柔志氣麃麃取與不疑此詩餘無所見衡案王子蓋欲晉以寬政安撫諸侯故於師曠歸而特歌此詩以託意也麃麃武貌見詩鄭風駟介麃麃傳取予不疑六轡在手也

師曠對曰瞑臣無見爲人辯也唯耳之恃而耳又寡聞而易窮王子汝將爲天下宗乎

孔注辯別也爲人有所別唯恃耳也宗尊也天下所尊則有明王者也（盧文弨曰則有二字疑衍衡案句有訛）

補注爲天下宗言繼世爲天子也

王子曰太師何汝戲我乎自太皞以下至於堯舜禹未有一姓而再有天下者夫大當時而不伐天何可得

孔注言自庖犧至禹其子孫未有期運當時斯不立矣言周衰未盡已必不立也

補注大約一姓不能再興之意未有脫誤

且吾聞汝知人年之長短告吾師曠對曰汝聲清汗汝色赤白火色不壽

孔注清角也言音汗沉木木生火色赤知聲者則色亦然

補注此以五行休咎推人之壽命也淸汗諸淸而溟散在五行屬木色赤白火刑金也且尅木故不壽潛夫論相列篇曰人身體形貌皆有相類骨法角肉各有分部以著性命之期顯貴賤之表一人之身而五行八卦之氣具焉故師曠曰赤色不壽火家性易滅也

王子曰然吾後三年將上賓於帝所汝愼無言殃將及汝所女叶盧文弨曰風俗通殃作禍

孔注言死必爲賓於天帝之所鬼神之□□則王子

之事不欲令人知也盧文弨曰鬼神之下或脫事祕二字

補注上賓猶登遐也賓於帝所言在帝左右也後世以王子晉爲仙人本此

師曠歸未及三年告死者至

孔注未及三年并歸之年爲三年也則王子年十七而卒也

補注案師曠與太子語事郎在羊舌肸聘周之年蓋靈王之二十二年未及三年則靈王二十四年也告死者至至晉也又案風俗通及潛夫論末尾俱有孔

子聞之曰惜夫殺吾君也十一字亦見路史前紀據此則晉人其以謀去太子乎路史謂王子年十八而賓御覽引東鄉序謂解化時年十五六俱誤當從孔注作十七又藝文類聚儲宮部引春秋外傳曰師曠見太子晉曰吾聞太子之語高於泰山願聞一言太子曰吾聞太師之來喜而又懼汝知人年長短吉凶也師曠曰君色赤君聲清火色不壽太子曰然却後三年吾上賓於帝汝慎無言殃將及女太子時年十五後三年而卒案所引是逸周書歐陽詢以爲春秋

外傳蓋春秋外傳鈔撮周書以成文也

、玉佩解第六十五

通體皆格言視丹書十七章猶爲警切解蓋取首句王者所佩爲篇題胡應麟從舊本引作玉佩誤

王者所佩在德德在利民民在順上

孔注言以利民爲德也天子事天所以威下使事上

補注佩服也德在利民是爲實德民在順上則非務民

合爲在因時應事則易成則易當作在有

孔注得時所爲合應爲其機

補注因時制宜帝王之妙用

謀成在周長有功在力多

孔注周忠信也力多則功多也

補注長如盤庚汝不謀長之長得民助故力多

昌大在自克不過在數懲

孔注以義勝欲得昌大數有懲艾則無過也

補注克能也自克則能自強故昌大不過不貳過也

懲謂懲戒

不困在豫慎見禍在未形

孔注事未成而豫慎則不困也

補注不困在豫慎凡事豫則立也養身者治疾於未形有國者求賢於未亂皆宜先事而防故曰見禍在未形

除害在能斷安民在知過用兵在知時

孔注能斷所不忍也知過輒改民將安生時謂可伐時也 忍盧本作思今從楊本

補注除害在能斷不以游移留後悔也上無過舉則

民有效法故安民知時知天時也時不可動則勞而無功故用兵在知時

勝大患在合人心

孔注舉合民心何患之有哉

補注湯伐桀武王伐紂以合人心故能勝大患除暴救民也

殃毒在信疑孽子在聽內化行在知和

孔注內聽於孽孽而吐於中言宜其生災也可否相濟曰和之 盧文弨曰孽孽似孽子誤衡案當作嬖寵

補注殃毒在信疑所謂當斷不斷反受其亂也孽子在聽內道曦明曰聽內似謂聽信婦人偏愛之言盧文弨曰此孽子當謂災害其子衛棠郎所謂國君好內適子殆也化行在知和出以自然不事勉強故民易從也

施舍在平心不幸在不鬭其過

孔注施謂施惠舍謂赦罪罪人以間已過爲幸貴速改也

補注舍當如開塞禁舍之舍不指赦罪說不問其過

測終身無改過之日故曰不幸路史黄帝紀天下已治百人之具舉猶然卹然神榮形茀用作戒於丹書曰施舍在心平不幸乃兆罔過禍福在所密存亡在所用據此則王佩一篇蓋亦雜取古昔格言以垂訓者

福在受諫基在愛民固在親賢

孔注受諫則無非故福以愛民爲基親賢人則固明君之義也

補注天子受諫則保四海國君受諫則保其國卿大

夫受諫則保其家士庶人受諫則保其身故福在受諫書曰民爲邦本本固邦寧故基在愛民賢者國之寶也資以爲助則外有長城之倚內有金湯之恃故固在親賢

禍福在所密利害在所近存亡在所用

孔注所與密所親近所任用皆忠良則福利生反是則禍害至

補注禍福在所密辨於微危也利害在所近慎於寢食也存亡在所用隱於不測也

離合在出命尊在愼威安在恭已危亡在不知時

孔注教命善則事合否則離矣威得其宜則尊恭已不妄則安時謂天時得其時也

補注離合在出命離合從違也謂出命當則民從出命不當則民違也盧文弨曰漢書主父偃傳引作安危在出令衡案主父偃諫伐匈奴引周書曰安危在出令存亡在所用師古曰此周書本尚書之餘據下文安在恭已危亡在不知時則當作離合爲是偃葢鈔變其辭故以存亡句反屬此句之下古人引書多如此不可泥

爲古本如是也尊在愼威威不可數數則玩安在恭已詩所謂不顯惟德百辟其刑之也危亡在不知時此輕舉妄動之驗

見善而怠時至而疑亡正處邪是弗能居此得失之方也不可不察

孔注怠懈惰不能行也疑由豫不果也邪姦術也處姦術是不居大之道也乃是得失之道也盧文弨曰由與猶通卜本作猶又大上當有正字

補注見善而怠則失善時至而疑則失時亡正處邪

棄善從惡也是弗能居猶云雖與之天下弗能一朝

居也案見善而殆時至而疑本太公對文王語見六

韜守土篇

逸周書卷二十一

殷祝周祝二篇孔氏有注武紀解無注　　江都陳逢衡補注

殷祝解第六十六

此殷祝而係於周祝之前亦猶殷獻令係於王會之後蓋皆以事類來附故入之周書中也此篇所傳人咸以爲不經然細繹其義則征誅而猶寓禪讓之風焉設桀不去居南巢則所以安而全之者湯必有道矣故伏生大傳亦傳之商祝見儀禮士喪禮又見既夕蓋是周祝仰習商禮則曰商祝也今案祝辭止陰

勝陽數語前則備錄其事如詩之有序也

湯將放桀於中野廣博物志卷十引作成湯將放桀自處於中野又以逸周書譌爲竹書紀年

孔注此事不然矣或者欲解之

補注放者安置之謂中野地名

士民聞湯在野皆委貨扶老攜幼奔國中虛湯疑作桀

孔注言國中空無人又不然矣

補注觀此則知桀之所以失天下者失其民心也藉使湯不造攻則鳴王奔亂之事必先見於此士民皆委貨扶老攜幼奔者往奔湯也故國空無人而桀不

能留矣謝墉曰湯之放桀亦如舜之封象葢湯雖放桀猶躬至中野安定其人民中野之民咸去桀歸湯國中虛者中野之地虛也故湯復爲明之而士民致於桀之詞皆願歸亳桀乃與其屬五百人徙而至南巢也

桀請湯曰國所以爲國者以有家家所以爲家者以有人也今國無家無人矣君有人請致國君之有也廣博物志引無請致國三字

孔注此國爲天下也盧文弨曰爲當作謂

補注此桀之實情蓋亦自知天下不已屬也昔日之事桀爲政民無如桀何今日之事民爲政桀其如民何

湯曰否昔大帝作道明教士民今君王滅道殘政士民惑矣吾爲王明之

孔注大帝謂禹明禹之事於士民也

補注湯知桀有悔心故猶望民之奉桀也

士民復致於桀曰以薄之居齊民之賤（齊盧本作濟今按文義改正）何必君更（廣博物志引無以薄之居十二字蓋不得其解故刪截也）

孔注此士民辭也薄湯所居也言與君更與桀徙避湯

補注以薄之居齊民之賤猶言焦鷯巢於深林不過一枝乞憐於湯之意蓋士民既棄桀歸湯恐桀異日卽以此事爲戮故斷無復從之理何必君更更改也言不能必桀之更變而爲善也

桀與其屬五百人南徙千里止於不齊民往奔湯於中野

盧文弨曰不齊下疑當有不齊士三字衡案尙書大傳曰湯放桀居中野士民皆奔湯桀與屬五百人南徙十里止于不齊不齊士民往奔湯桀與屬五百人徙於魯魯士民復奔湯桀曰國君之有也吾聞海外有人與五百人俱去

據此則千里誤當作十里而不齊下有不齊土三字譌如盧說無疑又案孫穀古微書引殷祝解南徙千里止於不齊民往奔湯于中野與今本同

桀復請湯言君之有也盧文弨曰言下亦當有國字衛案古微書引無國字湯曰否

孔注不齊地名

我爲君王則之士民復重請之桀與其屬五百人徙於魯魯士民復奔湯

孔注魯亦地名

補注魯即後日周公受封之地路史後紀曰桀與屬五百人南徙千里至於不齊不齊之民去之轉之鄘

遂放之南巢氏案此解云徙於魯而羅氏謂轉之鄘

俟考

桀又曰國君之有也吾則外人有言彼以吾道是耶我將

爲之廣博物志引作吾則外人我將去之不知所據何本恐是以己意改更案當作吾聞海外有人我將去之

孔注言桀以此辭勸勉湯者也

補注據大傳吾聞海外有人與五百人俱去蓋桀以

中國無地自容故欲遠去也孫瑴古微書載維書靈

准聽注引國君之有也下多士民復奔湯桀又曰國

君之有也十三字係重出不可據又陸次雲八紘繹

史云昔湯放桀居於中野民皆避之桀曰海外有人與其屬五百人北徙沙漠桀死于獯粥隨畜遷徙因以成俗其說誤桀居南巢未嘗之沙漠也呂氏春秋愼大覽桀走遂之至大沙大沙地名非沙漠也其道於北野者乃桀子淳維括地圖云桀放三年死子獯粥妻桀之衆妾居北野是也余前注竹書紀年夏桀三十一年引山海經成湯伐桀于章山郭注章山即大沙係抄襲孫之騄竹書注而誤而孫說又本之羅氏路史後紀今撿山海經大荒西經郭注並無此句愧當日草率未及細撿也今並附記於此

湯曰此君王之士也君王之民也委之何湯不能禁止

孔注必欲去也

補注觀此則湯無利天下之心可見故桀得於亭山

終老焉

湯曰欲從者從君桀與其屬五百人去盧本五百人下添居南巢三字考大

傳古微書引俱無故仍從舊

孔注居南巢之地名盧本改作南巢地名

補注去者去之南巢也

湯放桀而復薄三千諸侯大會文選任昉爲范尚書讓吏部封侯表注引周書湯放

桀而歸于亳三千諸侯大會然後即天子之位

孔注大會於薄

補注傳所謂湯有景亳之命也

湯退再拜從諸侯之位湯曰此天子位有道者可以處之

孔注讓諸侯之有道者

補注藝文類聚帝王部引周書曰湯放桀而歸於亳三千諸侯大會湯取天子之璽置之於天子之座左復而再拜從諸侯之位湯曰此天子之位有道者可以處之矣又見人部按所引周書與大傳同而路史後紀亦有乃取璽書云云並注曰置座左見周書則

古本有置壐一事明矣今本脫去惠氏左傳補注云唐六典引周書湯放桀大會諸侯取天子之壐置天子之座云云據此則商以前已有壐名矣

天下非一家之有也有道者之有也故天下者唯有道者理之唯有道者紀之唯有道者宜久處之藝文類聚無唯有道者紀之一句書大傳無唯有道者理之唯有道者紀之二句

孔注久處久居天子之位

補注案此數語太公亦嘗言之賈子脩政師尚父曰吾聞之於政也天下壙壙然一人有之萬民藂藂一

人理之故天下者非一家之有也有道者之有也故夫天下者唯有道者理之唯有道者紀之唯有道者使之唯有道者宜處而久之

湯以此讓三千諸侯莫敢即位然後湯即天子之位讓藝文類聚書大傳俱作三讓

孔注三千諸侯勸之也

與諸侯誓曰陰勝陽即謂之變而天弗施

孔注道天道故不施

補注變易常也天弗施則不佑此以天地寓君臣之

義

雌勝雄卽謂之亂而人弗行

孔注雌勝雄女淩男之異逆人道故不行焉

補注人弗行則不從此以夫婦寓君臣之義京房易載成湯嫁妹之辭曰無以天子之尊而乘諸侯無以天子之富而驕諸侯陰之從陽女之順夫本天地之義也往事爾夫必以義理陰從陽女順夫與此語意仿佛

故諸侯之治政在諸侯之大夫治與從

孔注言下必順上所以教治也

補注大夫諸侯之輔也不逢君不長君則諸侯得以治其國矣言爾諸侯當謹擇左右毋以變亂自取罪也

周祝解第六十七

此周祝垂戒之語義與史記解同讀其書者可與涉世可與存身可與遠害可與盡年通篇悉爲韻語似銘似箴蓋直開老氏道德之先匪特作荀子成相之祖

曰維哉其時告汝不聞道恐爲身災不聞二字盧本作空方

孔注言所以告汝不聞爲身災也

補注維哉助語辭時是也告卽告以下文諸格言也

謹哉民乎朕則生汝朕則刑汝盧文弨曰惠云刑亦作形刑與形通

孔注告以善道是生之是以教之以法也

補注謹謹慮也汝指民生汝富之也刑汝教之也

朕則經汝朕則亡汝朕則壽汝朕則名汝民生刑經亡名協盧文弨曰按注假脫朕則阜汝四字衡案當添朕則昌汝於經汝下則陽庚青三韻通轉中間不必間阜壽二韻也

孔注經紀汝昌阜汝殺亡汝爲汝請命名汝善惡也

補注周禮以九職任萬民經汝也司馬九伐司寇八辟亡汝也民不犯法不中絕命壽汝也賢則有吉人之稱不賢則有凶人之目名汝也

故曰文之美而以身剝自謂智也者故不足足剝協

孔注狐貉俱以文受害人自賢則愚惡反見也

補注揚子太元曰翡翠于飛離其翼貂狐之毛躬之賊此文之美而以身剝也仲虺曰能自得師者王謂人莫己若者亡好問則裕自用則小彼自謂智也者則距人於千里之外矣故不足

角之美殺其牛榮華之言後有茅牛茅協

孔注言牛以角死盧言致穢也

補注惠士奇曰茅讀作矛盧文弨曰案注云致穢正釋茅字惠以茅與牛協故讀從之非改字也衡案惠讀作矛其義當作戈矛解

凡彼濟者必不怠觀彼聖人必趣時盧文弨曰潛夫論引云凡彼聖人必趨時衡案潛夫論引見救邊篇

孔注以不怠故濟以趣時故聖

補注執斧必伐操刀必割是趨時也

石有玉而傷其山萬民之患在口言山言協案注空方當是有字

孔注山以有玉故傷人以有言受患

補注此戒入當謹言也故曰無多言多言多敗

時之行也勤以徙不知道者福爲禍

孔注不徙以及時人故失其福也

時之從也勤以行從惕本作徙不知道者以福亡行亡協

孔注行謂與時偕行

補注此二節當緊接趣時句勤以徙勤以行聖人自强不息之功彼不知道者必怠於時故福亡而禍鄉

故曰肥豕必烹甘泉必竭直木必伐竭伐協

孔注以其供人用自然理

補注肥豕必烹肉香美也甘泉必竭味芬潔也直木必伐中材用也故聖人處乎材與不材之間

地出物而聖人是時雞鳴而人爲時覩彼萬物且何爲求盧文弨曰是時卜本作趨時或疑當作是則舊本多脫物字卜本有案依注則正文求字乃來字之誤來與時爲韻上文是時亦不當作是則以且字亦誤衍衡案孔注聖人則之是時當作是則無疑蓋物與則當句協也末句求字疑衍爲與時協

孔注萬物自然不爲人來聖人則之如因雞鳴以識

時也
補注雞鳴由靜而動之候人爲時者人謂衆人爲善爲利皆雞鳴而起也觀彼萬物且何爲所謂常無欲以觀其妙常有欲以觀其竅也語曰衆人行乎陽聖人行乎陰衆人行乎土聖人行乎水其觀彼萬物之謂乎

故天有時人以爲正地出利而民是爭
孔注正謂敬授民時也爭謂爭共斂之也
補注人以爲正成歲功也爭趨也趨事赴功各務所

稷是爲爭

人出謀聖人是經陳五刑民乃敬

孔注經經度之也敬敬上命也

補注人出謀百姓與能也聖人是經聖人成能也明刑所以弼教故民敬

教之以禮民不爭教之以刑民始聽因其能民乃靜正爭經敬爭聽靜協

孔注有禮則讓故不爭聽順靜服謂不爲亂也

補注教之以禮則有等教之以刑則知恥因其能器

使也

故狐有牙而不敢以噬豲有蚤而不敢以撅盧文弨曰案蚤當作叉說文於蚤字下雖引作爪但爪爲覆手叉爲手足甲似作叉爲是

孔注喻人以小能不敢望大官亦求自盡而已也

補注狐牙豲蚤猶云鼠牙雀角也言聖王在上雖有筲小不敢放肆狐豲喻小人牙蚤喻小人之機智不敢噬不敢撅撅則靜聽之驗也噬齧也食也豲豪豬也

撅與掘同

勢居小者不能爲大

孔注雖有材勢不便故

補注燕雀不能爲鴻鵠魚鼈不能爲蛟龍此一名一

勢之流

持欲正中不貪其害凡勢道者不可以不大大害大協

孔注不貪害也中正不立不大其度至道不行也

補注棟梁之材不可屈爲株儒江漢之流不可覗同

行潦不官不器大用之則大效矣首八字有訛誤

故木之伐也而木爲斧賊難之起自近者斧者協

孔注因木以伐木因近以成賊

補注伐木爲柯是助斧伐木也賊難之起自近者則宦官宮妾不可不防

二人同術誰昭誰暝二虎同穴誰死誰生暝生協馮維翊詩紀臧懋循詩所竝以此四語爲桓譚新論引諺案新論久亡檢孫馮翼所輯桓子亦無此條

孔注成者能昭猛者能生

補注二人同術心專者昭二虎同穴力弱者死

故虎之猛也而陷於擭人之智也而謟於詐擭詐協擭舊作獲訛

孔注虎以食陷穽人以欲陷詐詐罔也

補注此戒猛不可恃智不可倚也是故聖人以德不

以力以誠不以僞

櫱之美也解其柯柯之美也離其枝枝之美也拔其本櫱矢將至不可以無盾柯枝協本盾協

孔注此言飾末業覆本質也盾喻爲人當有所備護

補注櫱之美也三句言德爲才累也盾干也所以蔽身此思患預防之意盧文弨曰儆矢卽嚴矢

故澤有獸而焚其草草下舊有木字蓋因下句焚其草木誤衍今删太威將至不可以爲巧焚其草木則無種大威將至不可以爲勇草巧協種勇協

孔注言亦貨以危身禍至不可救也盧文弨曰言亦疑衍

補注焚其草以澤有獸也無種謂盡族而殲言大威將至順命則生巧與勇兩無足恃太威如禹驅龍蛇益烈山澤周公驅虎豹犀象之類蓋爲民除害不得不然也

故天之生也故有度國家之患離之以故度故協

孔注以言患因事而起故事也

補注言天有常度國有舊章皆當遵循若離之以故則國家之患不免矣故謂故常盧文弨曰離罹也循

案離音荔力智切去也下同義如畔官離次之離

地之生也固有植國家之患離之以謀植讀如脂與謀協

孔注植立也有生則立也

補注名山大川并爲民利植生植也離之以謀謂棄而不理則生財曰匱而患亦隨之矣

故時之還也無私貌日之出也無私照貌照協博物志引此句訛作日之出地無移照乎

孔注還謂至也貌謂無實時至並應日出普照也

補注還如循環之環貌儀也轉訓作來無私謂寒暑

迭來不有偏曲也日無私照此大公無我之象

時之行也順順字疑衍至無逆盧文弨曰至字疑衍爲天下者用大略逆略協

孔注言當以大略順時也

補注略道也用大略則無煦煦孑子之慮

火之燀也固定上盧文弨曰定疑走之訛爲天下者用牧末三字當作利用放放上協

孔注燀然也火曰炎上收謂法也

補注牧訓法無據當作放分兩切音昉與倣同效也

謂效法火之炎上以照四方也

水之流也固走下不善固有桴下桴協

孔注桴所擊鼓也言惡政由於發者也

補注不善謂坎險在前故乘桴以濟陳省衷曰桴當

訓柎注非

故禍之起也惡別之禍之起也惡別之惡音烏

孔注惡於何也言其微也

補注一念之善可以格天一事之惡即以斬祀故君

子慎獨而謹微

故平國若之何須句鍾本何字斷句誤國覆國事國孤國屠皆若之何須覆孤屠何協

孔注覆滅也事謂事無役也孤謂無人屠謂爲人分裂也

補注平國見周禮秋官謂治不甚治亂亦非亂者也須需也何須猶云何所作爲也國覆將傾覆之國國事疑國夷之誤夷傷也謂凋殘也國孤君孤立也國屠民被荼毒也廣雅屠壞也皆若之何言處此危亡之際將何以治之而圖存乎

故日之中也仄月之望也食威之失也陰食陽善爲國者使之有行陽仄食行協協

孔注仄跌也食謂毀明而生魄也以日蔽於陽喻君行失道

補注此言處己不可自滿大柄不可下移也使之有行則持滿有餘而威福不替矣行如日月運行之行

是彼萬物必有常國君而無道以微亡常協七

孔注微以積小以致滅亡者也

補注天有十日人有十等各有常度不可越也國君

無道則失常矣微亡言澌滅也

故天爲葢地爲軫善用道者終無盡地爲軫天爲葢善用道者終無害（軫盡協 蓋害協）

孔注善用道動靜法天地（善用舊作言用盧文弨曰卜本作善用今從之）

補注治天下如御車然天以爲葢地以爲軫則無馬逸輪敗之患矣善用道者法自然也

天地之間有滄熱善用道者終不竭（熱竭協）

孔注滄寒竭盡

補注寒暑運行終古不竭善用道者亦法其自然之

生殺而已盧文弨曰惠云說文滄从仌倉聲寒也列

子日初出滄滄涼涼

陳彼五行必有勝天之所覆盡可稱勝稱協

孔注言五行相勝以生成萬物盡可稱名之也

故萬物之所生也性於從萬物之所反也性於同從同協

孔注從謂立也始異終同故曰反也

補注性之爲言生也性于從食色也性于同義理也

故惡姑幽惡姑明惡姑陰陽惡姑短長惡姑柔剛明陽長剛協柔剛二字舊倒今改正

孔注姑且也言幽明之相代陰陽之變易長短之相形剛柔之相生始終之道也

補注惡於何也姑語辭幽者神其事而隱之也明者表其迹而章之也立天之道曰陰與陽立地之道曰柔與剛言於何而從效法也短長猶屈伸也

故海之大也而魚何爲可得山之深也虎豹貔貅何爲可服得服協

孔注言皆以貪餌自中鉤檻也

補注海大而魚可得以有罝網也山深而猛獸可服

以有機械也

人智之遂也奚爲可測跂動蟯息而奚爲可牧測牧協一切經音義

卷三引周書跂行喘息又

卷四卷十六引周書並同

孔注誠於事故可測產於事故可牧

補注人智之遂而可測中於利也跂動蟯息指羣生言凡有足而行者曰跂動凡以口出氣者曰蟯息可牧爲牛可使之耕馬可使之走貪於食也

玉石之堅也奚可刻刻與上節協

孔注言服飾之竊物也

補注有切磋琢磨之功故可刻

陰陽之號也孰使之牝牡之合也孰交之君子不察福不來號交協

孔注言陰陽之稱號牝牡之交合皆自然也君子察自然之理則福來也

補注號讀平聲謂怒號也蓋陰陽二氣之激盪易所謂鼓之以雷霆莊子所謂萬竅發而爲聲是矣孔作稱號解誤物之雄者曰牡雌者曰牝世謂鶴以聲交鶿以目交蝴蝶以鬚交鶺鴒以足交俱不可思議君

子察之則能盡人物之性而並受其福故曰君子不

察福不來

故忌而不得是生事故欲而不得是生詐事詐協

孔注生事謂變也生詐謂詐爲求之

補注忌者忌其能忌其有也詐謂誣以無實之事

欲代而不得生斧柯欲鳥而不得生網羅欲彼天下是生

爲柯羅爲協

孔注所以生成所欲也謂云爲之事也

補注語曰人情甚不美又曰剖斗折衡而天下治古

人共有感於此哉故蒼頡作書而鬼夜哭

維彼幽心是生包維彼大心是生雄維彼忌心是生勝

孔注包謂包藏陰謀雄謂桀於人也勝謂勝所忌皆惡忌事也盧文弨曰末一忌字疑衍

補注幽心惟恐人知故生包包蒙也大心有睥睨一切之意故生雄雄盛也忌心刻害之心勝克也

故天爲高地爲下察汝躬奚爲喜怒天爲古地爲久察彼萬物名爲始下怒協久始協

孔注言法天地則喜怒無錯推古久則萬始可知也

補注天爲高陽也地爲下陰也喜近陽怒近陰堯典曰若稽古鄭注古天也詩元鳥正義引商書緯同虞翻述八卦逸象亦云天爲古蓋本此地爲久者御覽引六韜地之爲地久矣又老子天長地久俱本此名於始者物生則有名也老子無名天地之始有名萬物之母

左名左右名右覛彼萬物數爲紀紀之行也利而無方行而無止以觀人情右紀協方情協

孔注名以左右則物以數爲紀紀則生利利以利情

也

補注左名左右名右名有一定不可移也覼彼萬物數爲紀一生二二生三三生萬物也紀經紀也一引其紀萬目皆理故紀之行也利而無方言澤及萬物不可擬議也行而無止不中輟也

利有等維彼大道成而弗改用彼大道知其極加諸事則萬物服極服協

孔注等差也大道天道也極中也事業也

補注利有等者小利及一物大利遍羣生也用彼大

道知其極極皇極也

用其則必有羣加諸物則爲之君羣君協

孔注羣類

補注用其則奉法也必有羣人往歸之也加諸物猶

言加乎民也

舉其脩則有理加諸物則爲天子理子協

孔注脩長也謂綱例也

補注舉其脩立法也則有理謂臣下順從有條理也

此言爲民上者當明乎萬物之情狀法天道以制人

事則能若天下而無疑矣

卷二十一終

逸周書卷二十二

孔氏無注

江都陳逢衡補注

武紀解第六十八

此疑太公之逸較之武稱諸篇尤爲正大篇中於危急存亡之際設謀畫守與孟子策滕仿佛蓋武略不恃人之不來伐而恃己之不可亡也

幣帛之間有巧言令色事不成車甲之間有巧言令色事不捷克□事而有武色必失其德臨權而疑必離其災□□不捷智不可□□於不足并於不幾則始而施幾而弗

免無功盧文弨曰章本免作克

補注幣帛之間有巧言令色則禮儀愆而與國疑故不成車甲之間有巧言令色則賞罰亂而軍心慢故不捷三軍大勝當慎守其後克事而有武色則震而矜之矣故必失其德德猶功也臨權而疑必離其災離與罹同六韜軍勢所謂用兵之害猶豫最大三軍之災莫過狐疑是也

國有三守卑辭重幣以服之弱國之守也脩備以待戰敵國之守也循山川之險而固之僻國之守也伐服不祥伐

戰危伐險難故善伐者不伐三守

補注卑辭重幣以服之則有以事大脩備以待戰則有以禦敵循山川之險而固之則有以自守伐服與殺降同故不祥伐戰則未知孰勝故危伐險則既慮有襲我之師而並防有截我之後者故曰難

伐有六時五動四順間其疏薄其疑摧其危扶其弱乘其衰暴其約此謂六時扶之而不讓振之而不動數之而不服暴之而不革威之而不恐未可伐也此謂五動立之害毀之利克之易并之能以時伐之此謂四順間乘並去聲

補注間其疏謂間彼疏遠之臣使爲我用薄其疑薄迫也敵有所疑則多方以誤之推其危推如推亡固存之推危謂國亂扶其弱扶猶助也因其饑饉喪亂而助之所以服其心也乘其衰則兵革不煩暴其約謂當窮約之時出不意以犯之時謂可伐之時扶之而不讓是彼倚彊而不恃有助也讓如割地請盟之謂振振驚之也振之以先聲而不動是彼有成謀而不我懼也數其罪而不服則彼必有備暴突犯之也革改革也暴之而不革則彼力猶足以相抗也威之

而不恐則非但能守而并能戰矣故俱未可伐動者撓而亂之以覘其强而暗爲進退之義立之則彼害毁之則我利克之不難并之可得則成功如反掌矣

故曰順

立之不害毁之不利唯克之易并之不能可伐也立之害毁之未利克之難并之不能可動也静以待衆力不與爭權弗果據德不肆國若是而可毁也地荒而不振德衰而失與無苦而危矣

補注此中上文四順之義而明可伐可動可毁之次

序唯克之易疑在并之不能句下蓋立毀并三者俱未能如願而唯必勝之勢在我則舉師以伐之可也若毀克并三者俱未能如願而出一慮發一謀彼俱應受其害我則不難伺其機宜以謀之故可動靜以待衆力不與人不和也爭權弗果臨武不能斷也據德不肆賞功而疑也毀者摧挫之義地荒而不振則國貧德衰而失與則民散國貧民散不亡何待無苦而危謂不必有師旅之苦而危已立見矣

求之以其道□□無不得（空方疑是而事二字）爲之以其事而時無

不成有利備無患事時至而不迎大祿乃遷延之不道行事乃因不作小口動大殃坐方疑是事字

補注求之以其道以仁義之師救民水火也故無不得爲之以其事蒐苗獮狩以講武務農重穀以敎耕故無不成有利備者豫于暇日也無患事者不窘於目前也時至而不迎則事機失大祿天祿也遷徙也延之不道謂求之不以其道行事乃因安望其得乎不作小口動大殃謂不以小利興兵革也兵者凶事故曰大殃

謀有不足者三仁廢則文謀不足武廢則勇謀不足備廢則事謀不足

補注仁廢則禮義之教亡殺伐之事起故文謀不足文謀謂教化興也勇廢則果毅之氣消畏葸之情伏故武謀不足武謀謂韜略勝也備廢則守國之具缺應敵之用疎故事謀不足事謀謂兵食裕也

國有本有幹有權有倫質有樞體土地本也人民幹也敵國作交權也政教順成倫質也君臣和□樞體也土地未削人民未散國權未傾倫質未移雖有昏亂之君國未亡

也

補注本萬事所出也幹枝葉所附也權威福所寄也倫謂次序質謂誠實樞者轉運之機體則其所附麗而行者也敵國侔交侔謂勢力相敵交邦交也土地未削則國富人民未散則兵彊國權未傾則鄰好仍睦倫質未移則紀綱尚正故雖有昏亂之君未可伐也

國有幾失居之不可阻體之小也不果鄰家難復飾也封疆侵凌難復振也服國從失難復扶也大國之無養小國

之畏事不可以本權失□家之交空方疑是邦字不可以枉繩失鄰家之交不據直以約不虧體以陰不可虞而奪也不可策而服也不可親而侵也不可摩而測也不可求而循也

補注國有至小也語有脫誤不果鄰家謂爽約於前事則後期不應故難復飾如幽王以烽火爲戲是已封疆侵淩有坐而地盡之虞故難復振如七國時三晉之於秦是已服國小國也以國服事他人者從失謂所托之國失所庇也故難復扶如春秋時江黄之托於齊是已大國之無養不能字小也小國之畏事

不能事大也本權疑作大權謂肆乃威福於一人而臣庶解體枉繩謂以非禮之事繩之而因失其懽也故不可不據直以約當習爲辭命以合鄰封也不虧體以陰不失己以求媚與國也約謂約好陰謂陰私如寄希於留是己虞度也策謀也虞而奪策而服如晉取虞虢之謂親而侵謂外雖親附而包藏禍心如鄭殺關其思以滅胡趙簡子以姊嫁代君而取其地殺其身是己摩揣摩也摩而測謂揣摩嗜好以娛其心志如越以美女獻吳之類求而循謂先以卑辭下

之使不設備而隨以兵襲其後也如秦以五丁伐蜀之類此皆詐僞之師非堂堂正正之舉故不可

施度入聲於體不慮費句事利於國不計勞句鍾本施度于體句不慮費難句利於國不計勞句俱誤失德喪服于鄰家則不顧難矣喪難俱去聲

補注施度於體不慮費用所當用也事利於國不計勞勤所當勤也蓋慮費則失德計勞則喪服而後難必至矣喪服謂無功也

交體侵凌則不顧權矣

補注交邦交體敵體也交體侵凌則兩虎鬬而國權

必傾故曰不顧權

封疆不時得其所無爲養民矣

補注邊邑不安則有蹂躪之患故無爲養民

合同不得其位無畏患矣

補注合同所與共謀國者也不得其位則國無金湯之恃矣其誰與畏患乎

百姓屈急無藏畜矣

補注屈急窮戚之象民無藏畜則橫征暴斂所致也

鶴寶有祿余焉能戰是其應矣

擠社稷失宗廟離墳墓困鬼神殘宗族無爲愛死矣

補注國勢至社稷宗廟墳墓俱不能保以致鬼神困宗廟殘則當背城一戰與國俱燼可也故曰無爲愛死

卑辭而不聽□財而無枝計戰而不足近告而無顧告過而不悔請服而不得然後絕好閉門循險近說外援以干天命無爲是定亡矣舊本絕好下衍于字乃千字之誤今移在天命上盧文弨曰援舊作授今從趙改藎所謂我生不有命在天

補注卑辭而不聽謂以文告請之而不免□財而無

枝節事以皮幣犬馬珠玉之義枝與支同無支則欲
事而不得矣計戰而不足兵徵糧竭也近告而無顧
四鄰莫援也告過如鄭伯肉袒牽羊之類不悔則仍
未許平也請服而不得則雖以附庸之禮臣屬之而
不能夫然後絕好以謝之閉門循險以守之近說以
固民氣遠交以待外援倘天命可延則多難興邦未
必不從效死中借一也干如干祿豈弟之干無爲是
定亡矣言不爲是則死亡可必也

凡有事君民守社稷宗廟而先衰亡者皆失禮也大事不

法弗可作句法而不時弗可行句時而失禮弗可長句得禮而無備弗可成句鍾本四可字斷句而以成成字連下舉物誤舉物不備而欲〔　〕空方疑是成字大功於天下者未之有也

補注有事謂有急難之事於時君民上下同心合力以守宗廟社稷當振作其氣誓以與國同休之義若不能然而先衰亡者是先自敗也已故曰失禮謂失軍禮也大事不法弗可作代罪弔民古之人有行之者是爲法否則不可妄爲舉事必視乎時法而不時則事猶可待故弗可行時而失禮謂時雖可伐而於

止殺之義弗協故弗可長所謂以不仁得之必及其世也得禮而無備弗可成備字所包甚廣大而將相選則股肱備小而士卒練則羽翼備非但馬牛車輦戈戟已也故曰舉物不備而欲成大功於天下者未之有也此戒有國不可輕舉妄動之意

勢不求周句流舉而不幾其成亡薄其事而求厚其功亡內無文道外無武迹亡字疑脫往不復來者亡字疑脫悔而求合者亡不難不費而致大功古今未有

補注周即備也勢不求周與舉物不備同義舉謂舉

事流舉飄忽之象幾冀也舉事而不冀其成是草間竊發之所爲故亡薄其事而求厚其功謂輕視其事而求厚報如齊宣之興兵搆怨以求大欲是已故亡內無文道外無武迹則內治外治並失故亡迹與績同往不復來謂見輕四鄰不以爲敵禮則有吞噬之象故亡悔而求合者謂始而相背繼則欲托以圖存則中無主矣故亡不難謂易其事不費謂嗇于用

據名而不辱應行而不困唯禮得之而無逆失之而無咎

唯敬成事而不難序功而不費唯時勞而有成費而不亡

唯當（去聲）施而不拂成而有權久之而能□（空方疑是守字）唯義。

補注據名而不辱名謂皇王之名不辱無愧也應行而不困行謂弔伐之義不困謂事必濟此唯動合乎禮者能之得之而無逆如湯武之征誅失之而無咎如文王之服事失之謂勿取也此唯心存于敬者能之成事而不難序功而不費此天人交贊之會故曰時與孟子唯此時爲然義同勞而有成功不虛假也費而不亡賞不告屈也此唯事當其可者能之施而不拂其經成而適中乎權久而不變此唯以義制事

者能之

不知所取之量不知所施之度不知動靜之時不知吉凶之事不知困達之謀盧文弨曰惠云謀宋本作諆古通用疑此五者未可以動大事

補注不知所取之量則無以裕後不知所施之度則無以圖功不知動靜之時則應事乖不知吉凶之事則修悖亂不知困達之謀則無以致屈伸往來之用取謂取人國量則其量百世其量十世之量施謂措置度猶方也動則宜顯靜則宜晦吉則宜從凶則宜

難困窮也達通也未可以動大事動則自取滅亡矣
恃名不久句恃功不立句虛願不至句妄爲不祥太上敬
而服其次欲而得其次奪而得其次爭而克其下動而上
資其力

補注恃掩飾之名必露其情故不久如五霸假之之
類恃戰勝之功必屈于力故不立如共工氏阪泉氏
是已願奢而不勇於行故曰虛願不至謂無濟于事
也世無桀紂而舉事者是曰妄爲夏之武觀殷之姚
姺周之管蔡皆是也不祥則災必及其身敬而服修

德而民自化也欲而得不戰而屈人之兵也奪而得以兵取也爭而克則所殺過當矣其下動而上資其力罰挾天子以令諸侯如晉文所爲是已

凡建國君民內事文而和外事武而義其形愼而殺其政直而公本之以禮動之以時正之以度師之以法成之以仁此之道也

補注內事國事也文而和有文德而和衷也外事軍事也武而義有武功而合義也形與刑同其刑軍刑也愼順也順而殺則就死無怨其政軍政也直而公

則奉法有常本之以禮順天理也動之以時法天道也正之以度以身爲度也師之以法師出以律也成之以仁以仁安人也夫是之謂武紀

銓法解第六十九

說文稱銓也銓衡也廣雅稱謂之銓此葢周一代銓選之法雜見於簡冊者首尾疑有脫落三不遠三不近似是中腹文字

有三不遠有三不近有三不畜敬謀祗德親同三不遠也聽讒自亂聽諛自欺近憖自惡三不近也有如忠信竭親

以爲信有如同好以謀易寇有如同惡合計掬慮慮泄事敗是爲姦害三不畜也盧文弨曰掬當與播同

補注敬謀則有成祗德則日新親同則有輔三者皆國之典型不遠謂當親密也聽讒則內惑故自亂聽諛則志滿故自欺近慾則習於凶險故自惡三者國之賊害不近謂當斥逐也有如忠言竭親以爲信此殺妻求將烹子食君之輩有如同好以謀易寇此謂朋黨之徒始則相愛繼則相傾流毒家國卒致寇戎也有如同惡合計掬慮慮泄事敗是爲姦害如漢之

陳審唐之王涯是已此皆無益於國故不畜

器服解第七十

此篇題曰器服而器有明器用器食器車器諸名服則績綏縞冠等類是也篇中脫誤甚多不可句解但能字釋今姑依類求之而已

明器因（通作茵）外有三瘕（當作皮）二用器服數獀（即素獨）四（當作柶說文柶匕也）桮禁豐一觴天（當作矢）輩獨食器甑遹（當作匜）膏侯屑侯

射器樂鍬璞參冠一竿皆素獨二丸弁焚菜膾五昔（昔與腊通）纏

裹桃枝素獨蒲簟席皆素斧獨巾玄纘綏縞冠素紕玄冠

卷二十二　十三

組武卷組纓象□□瑱絺紳帶象玦朱極韋素獨箄箭捍

夾車羔冒□純載杠綫喪勤羔當作羊冒通作墨純當作輴杠當作軠綫當作棧焚

纓一給器因名有三幾玄菌當作茵纁褢桃枝獨蒲席皆素

布獨巾玄象玄純

補注釋名鞇因也輞茵通一作裍三皮虎皮鹿皮豹

皮也敷犢犢與韇韇通葢藏弓之函以牛皮爲之故

其字或从牛或从革或从皮也廣雅棓杖也淮南詮

言訓有桃棓許慎注棓大杖桃木爲之然此字敘于

禁豐之上當通作甋瓻瓿也禁卽禮器士大夫棜禁

之禁禁如方桊名之禁者因爲酒戒也豐爵爵也射禮所用豐滿也寓滿則覆之義矢以豪牛爲鏃曰觮矢豪牛見穆天子傳字彙補云觮音義未詳見汲冢周書衡疑觮或觿字之誤故與禁豐連敘韋獨弓韜也獨與韣通故曰韋獨韋皮也少儀弓則以左手屈韣執拊注韣弓衣也又明堂位載弧韣注弧旌旗所以張幅也其衣曰韣又儀禮既夕有韣注韣弓衣也以緇布爲之甒罌也禮器君尊瓦甒注壺大一石瓦甒五斗儀禮士冠禮側尊一甒醴疏甒爲酒器中寬

下直上鋭平底方言嬰周魏之間謂之甑匜盥器膏

侯即梓人之獸侯膏謂鹿豕之屬或曰膏者埻之訛

也說文埻射臬也從土𦎫聲讀若準周官司農注侯

者以虎熊豹麋之皮飾其側又方制之以爲𦎫謂之

鵠著于侯中是也屑侯侯考鉍即珌說文佩刀下飾

天子以玉前漢王莽傳瑒琫瑒珌注佩刀之飾上曰

琫下曰珌⿰王枼音薛當與韘字通玦也玦从玉故⿰王枼亦

从玉彖冠縿冠也縿亦作繰廣雅繰謂之縿禮檀弓

縿幕注縿縑也縿讀如綃然則縿冠者以縑爲冠縑

猶純也竿謂之箷見爾雅釋器竿居案切衣架也素獨二丸即上文數櫝韋獨也獨與韣通考工記鞼人注有衣謂之韣韣韜也蓋以皮爲之故謂之韋獨以其不繪畫故謂之素獨也其又轉爲韇者儀禮士喪禮筮者東面抽上韇注韇藏筴之器也士喪禮注同蓋其器以牛皮爲之故周書以櫝代韇也廣雅鼓𣪠矢藏也儀禮士冠禮注藏弓矢者謂之韇丸方言所以藏弓謂之鞬或謂之櫝丸鄭風抑釋掤忌傳掤所以覆矢馬融注掤櫝丸蓋也昭二十五年左傳執冰

卷二十二　十五

而踞賈逵注冰櫝丸蓋也後漢書南匈奴傳弓鞬韥丸故此言素獨二丸也弇焚疑食器焚音燔器之口小中寬者曰弇菜旨醬牛與羊魚聶而切之爲膾昔與腊通釋名腊乾昔也五昔者魚腊兔腊雉腊豕腊之類纁說文綫絳也考工記三入爲纁爾雅釋器三染謂之纁纁裹猶言黃裹衣內曰裹案纁裹與桃枝連文者謂以綫絳色或絹或布爲席簟底襯故曰裹也桃枝蔑席也書顧命蔑席注桃枝竹也周禮春官司几筵加次席黼純注次席桃枝席牀之小者曰獨

坐席之小者曰素獨素亦竹也蒲簟席者說文簟竹席也小雅斯干篇下莞上簟箋莞小蒲之席也竹葦曰簟禮記大路素而越席注越蒲厲祭天之車蒻蒲爲席也蒲席蓋即顧命之底席公食大夫禮有蒲筵筵亦席也素斧斧猶黼也靑與白謂之黼巾者用以覆物廣雅帤帗帥帨帑幣幏幣巾也天謂之元纁畫也緌纓之垂也見玉藻緇布冠繢緌注縞冠子姓之冠也繒之精者曰縞紕飾也素紕無文采也禮玉藻縞冠素紕既祥之冠也註紕緣邊也讀如埤益之埤

雜記紕以爵韋注在旁曰紕元冠天子諸侯士通用
之冠也其等以朱組纓丹組纓綦組纓別之組說文
綬屬其小者以爲冕纓武所以束卷同綮說文紘冠
卷也纓冠系也邇雅纓頸也自上而繫於頸也象象
牙佩飾也瑱他甸切說文以玉充耳也詩鄘風玉之
瑱也傳瑱塞耳也衛風充耳琇瑩傳充耳謂之瑱天
子玉瑱諸侯以石絺細葛也紳大帶也象玦射者所
用著於右手大指以鉤弦內則所謂右佩玦是也亦
謂之韘說文韘射決也所以拘弦以象骨韋系箸右

巨指或作弽詩衛風佩韘傳韘玦也鄉射禮袒決遂

鄭注決猶闓也以象骨爲之著右大擘指以鉤弦闓

體也庶物異名疏曰詩云童子佩韘鄭氏曰沓也即

大射所謂朱極三也以朱韋爲之用以彄沓右手食

指將指無名指也極猶放也所以韜指利放弦也周

書器服有朱極韋則此名久矣衛家射臂沓是韝韝

與拾捍同非韘也一著右手一著左臂宜辨素獨簞

見上廣雅韝䉶也捍即内則右佩捍之捍注捍拾也

言可以捍弦也詩小雅車攻篇決拾既佽毛傳決鉤

弦也拾遂也周禮繕人掌抉拾鄭衆云拾謂韝扞也鄉射禮注遂射韝也以韋爲之著左臂所以遂弦也其非射時則謂之拾拾斂也所以蔽膚斂衣也次車次輅謂象輅革輅羊羊車也見考工記注羊善也胃有墨音疑即墨車也周禮巾車大夫乘墨車輴輴車也左傳使輴車逆之注輴車兵車名藏大車也易曰大車以載軖紡車也通俗文云繰車曰軖或曰桎當作任亦大車也詩曰我任我輦棧棧車也詩曰有棧之車周禮巾車士乘棧考工記棧車欲弇喪喪車也

木車蒲蔽犬𥚃尾櫜疏飾之類勤役車也役有勤苦之義詩曰役車其休巾車庶人乘役車樊纓樊說文本作樊樊讀如鞶周禮巾車玉輅錫樊纓金輅鉤樊纓象輅朱樊纓注鞶馬大帶也鄭司農云纓謂當胸元謂纓今馬鞅三幾未詳元菌當作元茵纁裏桃枝獨蒲席見上素布獨巾蓋用以冪尊彝者禮器犧尊疏布鼏鼏即冪覆尊巾也元象象與䘵通說文飾也玉篇首飾也漢書外戚傳䘵飾顏注盛飾也一曰首飾在兩耳後刻鏤爲之詩衛風象服是宜傳云象服

尊者所以爲飾正義以爲象骨飾服純緣也雜記純以素注在下曰純上喪禮緇純注飾衣曰純爾雅緣謂之純注衣緣飾也

周書序

此輯周書既成因作序以係於末蓋倣百篇書序爲之觀於序太子晉曰侵我王略玩一我字則作序者定爲周史而非晉史氏矣

昔在文王商紂並立困于虐政將宏道以弼無道作度訓

補注文王服事之忠千古如見度訓一作葢直欲格

君心之非矣上下有等則不踰分不踰分則不爲亂

紂雖無道可不至失天下文之心如是而已

殷人作教民不知極將明道極以移其俗作命訓

補注民習于惡故不知極極中也文王憂之詔以惠

迪從逆之義

紂作淫亂民散無性習常盧文弨曰舊作胃常訓案此六字中脫二字衡案當是民無常性四字文王惠和化服之作常訓盧文弨曰惠和舊作意和訊案左氏傳云紂作淫虐文王惠和正與此文同今改正衡案文王惠和句化服之上疑脫民字

補注常典常也夫其性則爲迷民矣文王懲紂之虐

民亦從之故兢兢以四徵六極八政九德爲訓

上失其道民散無紀西伯脩仁明恥示教作文酌

補注民之無良由無恥也酌有斟酌之義此篇文義

甚晦與西伯脩仁之說不甚符

上失其道民失其業□□凶年作糴匡

補注紂不愛民故民失業不力田思逢年古無是理

備荒之策唯聖人能勤本務故豐不忘歉

文王立楊本作五祀西距昆夷北備玁狁謀武以昭威懷作武

稱

補注文王之時西有昆夷北有獫狁東有商紂故伐行之始莫先於南或疑此篇非王者之師然用兵之道在乎應天順人不係乎臨敵應變也美男破老美女破舌等語非必用以誘人抑且因以自戒孔子曰好謀而成謀可不用乎採薇命將視同兒戲烏乎可

武以禁暴文以綏德大聖允兼作允文

補注此篇九用武之經非特仁人之言其言藹如也

武有七德口王作大武大明武小明武三篇盧文弨曰所脫疑不止一字俗本作文王非

補注此序王上空一字則此三篇葢不知作於何王之世矣

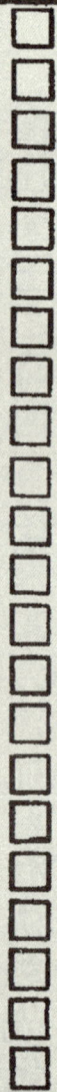

穆王遭大荒謀救患分災作大匡（盧文弨曰穆王當作文王豈穆考亦可稱穆王歎此下有脫簡詩正義云周書稱文王在程作程寤程典當在此）

補注文王之德宜不遭大荒矣然堯憂水湯憂旱雖以聖人不能免也所恃者有備耳嗚呼羑里則人爲之也大荒則天爲之也文之德至矣文之遇果何如哉

□□□□□□□作九開

補注此脫程典程寤秦陰九政諸序案程典篇云商王用宗讒震怒無疆諸侯不娛逆諸文王文王弗忍乃作程典卽以當程典篇序可程寤秦陰九政九開俱亡程寤因拜吉夢而作秦陰則秦陰也蓋推歲禨歲惡之書九征則司馬九伐是巳九開蓋以九類者如九過九禁九教九利之說今其書不傳

文王唯庶邦之多難論典以匡謬作劉法難去聲

補注劉法以軍政治庶邦也紂之時刑罰不中庶邦

化之故文王論常典以匡正其謬誤此篇亡

文王卿士諗發敎禁戒作文開

補注諗念也告也謀也文王詢于八虞諮于二虢度于閎夭謀于南宮諏于蔡原訪于辛尹是其卿士諗發之證開敬也此篇亡

維美公命于文王脩身觀天以謀商難作保開難去聲

補注此當作於命爲方伯之時故曰維美公命于文王謀商難者謀免商難也易曰內文明而外柔順以蒙大難文王以之此脩身觀天之證此篇亡

文王訓乎武王以繁害之戒作八繁

補注此戒者之義繁害者繁則有害也其目有八故曰八繁是篇亡

文王在酆命周公謀商難作酆保難去聲

補注是篇詞明義正俱格言其不可解者則中有脫誤故也紂自因文之後無日不以周爲念文雖小心服事而猶恐懼纖于禍

文啟謀乎後嗣以脩身敬戒作大開小開二篇

補注大開乃不全之文疑與九開相表裏小開後半

有脫落二篇皆懼禍之作

文王有疾告武王以民之多變作文儆

補注是篇首題文王告夢二字因太姒有吉夢恐後嗣無德無以召祥也篇中利維生痛等語民情如睹而後備乃謂稱知道者所不言豈通論哉

文王告武王以序德之行作文傳

補注文王自儉而富民蓋欲以家法裕後也無食則亡夏箴之言至矣故深以爲戒

文王既沒武王嗣位告周公禁五戎作柔武

補注篇中以德爲本數語挈柔武之要

武王忌商周公勤天下作大小開武二篇

補注忌商畏商之虐也大開武言人事小開武明天道

武王評周公維道以爲寶作寶典（盧文弨曰評疑訊之誤）

補注信義仁三者國之寶也故武周兢兢言之典常也欲子孫世守之義

商謀啟平周周人將興師以承之作酆謀

補注閱此知商周之勢不兩立久矣周不伐商商必

滅周武豈好爲牧野之陳乎謀于鄧告文王也

武王將起師伐商寤有商儆作寤儆

補注兵危事也紂強敵也恐懼之懷至形夢寐其所以必遲之十三年者職是故哉

周將伐商順天革命申喻武義以訓乎民作武順武穆二篇

補注武順一篇兵制與周禮不同葢猶周家習用先代之成法也武穆有脫誤義亦不顯

武王將行大事乎商郊乃明德口衆作和寤武寤二篇

補注二篇足見武周堂堂正正之師神人允順王克
配天洵非虛語

武王率六州之兵車三百五十乘以滅殷作尅殷

補注此親見商周鼎革之事而作者故所序歷歷

武王既尅商建三監以救其民爲之訓範□□□□□□
□□□作大聚

補注爲之訓範下當有作大匡文政二篇七字大聚
則惠農通商之義

□□□□□□□□□□□武王既釋箕子囚俾民辟寧

之以王作箕子

補注空方十一字乃序作世俘之義案世俘篇云武王成辟四方通殷命有國即序義箕子篇亡蓋就封朝鮮之文也俾民辟寧之以王有脫誤

武王秉天下論德施□而□位以官作考德（施下空方疑是惠字）

補注考德誤篇內作耆德指商室舊臣言位以官迪簡之義也此篇亡

武王命商王之諸侯綏定厥邦申義告之作商誓

補注商紂不能如商先誓王之顯我西土而昏憂天

下皆商諸侯所知也故申告之周時千七百七十三諸侯而孟津來會者八百其外九百餘國皆商諸侯也

武王平商維定保天室規擬伊洛作度邑

補注此篇史公采入周紀蓋抄變其詞非周書原文

武王有疾□□□□□□□□□□

補注此序作武儆之義也空方當是命周公立小子誦作武儆十字

命周公輔小子告以正要作五權

補注五權俱經國之要已開姬公周禮之先

武王既沒成王元年周公忌商之孽訓敬命作成開

補注成成王也開啟也成開猶文開開武也蓋公以師保之職告道成王者商孽武庚也

周公既誅三監乃述武王之志建都伊洛作作洛

補注武王度于前周公營于後聖人創建非敢苟焉已也

周公會羣臣于閎門以輔主之格言作皇門

補注此訓大門宗子勢臣咸獻言于王所以輔成王

毋爲媚夫食蓋也

周公陳武王之言以贊己言戒乎成王作大戒

補注此訓王以體羣臣之事而因以儆王也

周公正三統之義作周月

補注以中氣定十二月較唐堯以閏月定四時又加密矣

辯二十四氣之應以明天時作時訓

補注此占驗休咎之始後世農家月令之嚆矢也

周公制十二月賦政之法作月令

補注此篇亡盧本補以呂氏十二紀首失之

周公肇制文王之謚義以垂於後作謚法（盧文弨曰舊肇作啟訛）

補注後代謚法原本於此篇中前後訛錯信如盧氏兩排之說

周公將致政成王朝諸侯于明堂作明堂

補注此即小戴明堂位前半所採也

成王既即政因嘗麥以語羣臣而求助作嘗麥

補注此因嘗麥之後命大正正刑書以爲國典蓋有懲於商紂之虐並武庚三叔之畔也故舉蚩尤武觀

爲戒

周公爲太師告成王以五則作本典

補注五則智仁義德武也盧文弨曰五則疑當作五

明蓋以篇內有五者昌于國曰明之語

成王訪周公以民事周公陳六徵以觀察之作官人

補注語曰人藏其心不可測度也又曰人心之不同

如其面焉非觀察烏足以知之

周室既寧八方會同各以其職來獻欲垂法厥後作王會

補注此篇膾炙人世久矣世無張茂先誰作博物志

篇中名物方國閱者宜悉心考之

周公云叕王制將衰穆王因祖祭公不豫詢某守位作祭公祖祭公舊作祭祖誤盧文弨曰某當於謀同

補注篇中格言正論不愧典型當與左傳祈昭之諫並傳

穆王思保位惟難恐貽世羞欲自警悟作史記

補注此穆王晚年自悔之作較之衛武公九十箴警於國九爲悚惕

王化雖弛天命方永四夷八蠻攸尊王政作職方

補注職方氏見周禮夏官蓋穆王抄錄以備省方之典者或曰王化雖弛指商紂也天命方永指周初得天下也四夷八蠻攸尊王政即所謂通道於九夷八蠻也此篇當係於武王時亦通

芮伯稽古作訓納王于善暨執政小臣咸省厥躬作芮良夫

補注此老成金石之論可與桑柔諸篇並垂不朽

晉侯尙力侵我王略叔向鬭儲幼而果賢口復王位作太子晉坐方疑是思字

補注叔向晉之賢臣師曠周之罪人也平公聽師曠之言而不反侵地宜其有疾如蠱哉序言晉侯尙力侵我王略周史蓋慨乎言之

王者德以飾躬用爲所佩作王佩

補注此丹書十七章之遺世無太公其作於老子乎

夏多罪湯將放之徵前事以戒後王也作殷祝

補注南巢之放非湯意也蓋桀奔南巢而湯因安置之故謂之放觀於此篇所載湯讓桀事則武王太白之懸信不誣矣不然一讓一誅事理懸絕序周書者

何不爲武王諱而偏以令名諛成湯也

民非后罔乂后非民罔與爲邦愼政在微作周祝

補注亦典亦誥亦古亦韻微乎微乎以水投水妙乂須以妙解解之毋庸作河漢也

武以靖亂非直不尅作武紀

補注二語直括千古用兵之要甚矣武不可無紀也

積習生常不可不愼作銓法

補注官人之法治世常嚴亂世常疲不愼故也

車服制度明不苟踰作器服盧文弨曰明本一作民

補注此篇脫失多矣然正其訛字猶可解其六七

周道於乎大備於音烏一作於是乎大備

補注於乎嘆辭此作序者於序畢之後因以贊美周書也

卷二十二終

揚州詩局重刊

卷末

補遺 程寤月令諡法已補入諸解篇末又囙無兼年之食遇天饑百姓非其有也据御覽玉海補入文傳解白虎黑文舊缺黑文二字据鄭志詩釋文補入王會解茲不復載

國法法不一則有國者不祥民不道法則不祥國更立法以典民則祥楊愼曰此句當仍云不祥羣臣不用禮義教訓則不祥百官服事者離法而治則不祥

管子任法引周書

將欲敗之必姑輔之將欲取之必姑予之

戰國魏策任章引周書困學紀聞曰此豈蘇秦所謂

周書陰符者歟老氏之言范蠡張良之言皆出於此朱子云老子爲柱下史故見此書萬希槐曰韓非喻老篇同衛案喻老只將欲取之必固與之二語喻老并未明引周書而韓非說林所引周書四語乃與此同語并見老子欲取作欲奪尙有將欲翕之必固張之將欲弱之必固强之將欲廢之必固興之上六語疑亦本周書如綿綿不絕諸書所引各有詳略不同也

下言而上用者惑也

韓非說林引周書

往者不可及來者不可待賢明其世謂之天子

呂氏春秋聽言篇引周書此頗似太子晉解中語又漢書鼂錯引傳曰往者不可及來者猶可待能明其世者謂之天子與此小異其引作傳曰者傳曰猶語曰古人引書之通稱也

若臨深淵若履薄冰

呂氏慎大覽引周書案此二句卽尹佚對成王語見淮南道應訓

民善之則畜也不善之則讎也

呂氏適威篇引周書高誘注周書周公所作畜好衞

案周書乃周一代之書誘以爲周公所作誤矣淮南

道應訓成王問政於尹佚曰吾何德之行而民親其

上對曰使之時而敬順之王曰其度安在曰如臨深

淵如履薄冰王曰懼哉王人乎尹佚曰天地之間四

海之內善之則吾畜也不善則吾讎也昔夏商之臣

反讎桀紂而臣湯武夙沙之民皆自攻其君而歸神

農此世之所明知也如之何其無懼也案善之二句

與呂氏所引周書同則道應所述當是周書全文

大道亶亶其去身不遠人皆有之舜獨以之

賈子君道引周書亶亶文子道原篇作坦坦淮南原道訓云大道坦坦去身不遠求之近者往而復反

掩雉不得更順其風

淮南覽冥訓引周書高誘曰言掩雉雖不得當更從其上風順其道理也

上言者下用也下言者上用也上言者常也下言者權也

淮南氾論引周書高誘曰用可否相濟也衡案上言下言以次第說上用下用指人說下謂百姓上謂君

子上言者常天經地誼萬古爲昭故爲上言下言者

權反經合道一時之用故爲下言又韓非說林引周

書下言而上用者惑也似當在此四語下

欲起無先

史記楚世家引周書

必參而伍之

史記蒙恬傳引周書索隱曰參謂三卿五卽五大夫

欲三五更議

農不出則乏其食工不出則乏其事商不出則三寶絕處

不出則財匱少

史記貨殖傳引周書

無爲權首將受其咎

漢書荆燕吳三王傳贊有此二語師古曰此逸周書之言衡案此八字已見史記吳王濞列傳

天子不取反受其咎

漢書蕭何傳引周書師古曰周書者本與尚書相類蓋孔子所删百篇之外劉向所奏有七十一篇衡案此語見漢書沈淑經玩訣以爲史記又史記張耳陳

餘列傳客有說張耳曰臣聞天予不取反受其咎索隱曰此辭出國語衡案漢書張耳陳餘傳亦有此八字

記人之功忘人之過宜爲君者也

漢書陳湯傳谷永引周書師古曰尙書之外逸書也衡案王嘉傳云記善忘過又曰記人之功忽於小過皆本此

吕左道事君者誅

漢書王商傳引周書

天子見怪則脩德諸侯見怪則脩政卿大夫見怪則脩職

士庶人見怪則脩身 賈子春秋連語天子夢惡則修道諸侯夢惡則修政四語與此彷彿

後漢書楊賜傳引周書案楊賜傳前引天齊乎人假

我一日以爲尚書此引作周書所以別乎尚書也

前車覆後車戒

說苑善說引周書案此二語始於晏子春秋引諺見

文選潘岳西征賦注又見上六代論注大戴禮及漢書

賈誼傳均有此二語

士分民之祿均分以祿之

說文一篇祘字引逸周書錢坫曰此逸周書見墨子士字作言此與算字同用衡案均分以祘之今逸周書本典解作均分以利之士分民之祘句今本無錢氏以爲墨子今檢墨子亦無

朕實不明以俔伯父

說文八篇俔字引逸周書案朕實不明四字見大戒解而本典解另有今朕不知故問伯父二語豈許氏抄變其辭而約言之歟否則當爲闕篇中逸文故錄之

㖊辛而不𤎩

說文十篇𤎩字引逸周書段玉裁曰逸字衍當删九經字樣引無逸字可證周書蓋七十一篇之周書今本未見有此句呂覽本味篇曰辛而不烈周書作不𤎩字異義同衡案段氏據九經字樣以爲當衍逸字今檢說文所引周書逸周書甚分晰若衍去逸字則與尙書混矣

竘匠

說文十篇竘健也一曰匠也從立句聲讀若齲逸周

書有⿱艹⿰凶刂匠段玉裁曰葢謂周書七十一篇也⿱艹⿰凶刂匠之

文佚考

西域獻火浣布昆吾氏獻切玉刀火浣布汚則燒之則潔

刀切玉如泥

博物志引周書盧文弨以爲王會脫文是也丹鉛總

錄卷十一引逸周書曰火澣之布入火不滅布則火

色垢則布色出火而振之皎然疑乎雪又管城碩記

卷十八引逸周書曰火浣布必投諸火出火振之皜

然疑乎雪焉案博物志所引周書甚多是必親見當

日周書原本若楊氏徐氏所引則與列子湯問篇相近

因五行相尅而作五刑墨劓剕宮大辟是也火能變金色故墨以變其肉金能尅木故剕以去其骨節木能尅土故劓以去其鼻土能塞水故宮以斷其淫佚水能滅火故大辟以絕其生命

隋蕭吉五行大義卷二引周書

春爲牝陳弓爲前行夏爲方陣戟爲前行六月爲圓陣矛爲前行秋爲牝陣劍爲前行冬爲伏陣楯爲前行

五行大義卷四引周書太平御覽三百一陣部引春
爲牡陣作牝陣六月爲圓陣作季夏圓陣秋爲牝陣
作牡陣末句下有是爲五陣四字　月令輯要引同
御覽唯無是爲五陣四字而春爲牝陣上有兵凡有

五陣五字

武王營洛邑未成四海之神皆會曰周王神甚當知我名
若不知水旱敗之明年雨雪十餘旬深丈餘五大夫乘車
從兩騎止王門太公曰車騎無跡謂之變乃使人持粥進
之曰不知客尊卑何從騎曰先進南海御次東海御次北

海御次西海御次河伯次風伯次雨師武王問太公並何名太公曰南海神名祝融東海神名勾芒北海神名玄冥西海神名蓐收

五行大義卷五引周書案舊唐書禮儀志引六韜武王伐紂雪深丈餘五車五馬行無轍跡詣營求謁武王怪而問焉此必五方之神來受事耳遂以其名召入各以其職命焉旣而克殷風調雨順

堂方百一十二尺高四尺階博六尺三寸室居內方百尺室內方六十尺戶高八尺博四尺

隋書宇文愷傳引周書明堂

年不登甲則纓縢宮室不容注曰纓繩甲不以組

初學記武部甲引逸周書並注御覽三百五十五引

別書同無注惠定宇左傳補注三引作甲不纓縢衡

案禮少儀國家靡敝則車不雕幾甲不組縢鄭注組

縢以組飾之及紷帶也惠引作甲不似可據

黃帝始烝穀爲飯

初學記飯部引周書

黃帝始烝穀爲粥

初學記粥部引周書御覽八百五十九引同

明堂方一百一十二尺室中方六十尺牖高三尺門方十六尺東方曰青陽南方曰明堂西方曰總章北方曰玄堂中央曰太廟亦曰太室左爲左个右爲右个

初學記明堂部引周書藝文類聚三十八引無亦曰太室四字御覽五百三十三引周書明堂與此小異

凡禾麥居東方黍居南方稻居中央粟居西方菽居北方

初學記五穀部引周書御覽八百三十七引粟居西方作北方而脫菽居北方四字

神農之時天雨粟神農耕而種之作陶冶斤斧爲耜鉏耨以墾草莽然後五穀興以助果蓏之實

藝文類聚帝王部引周書又百穀部引爲耜上有破木二字初學記帝王部引周書神農之時至作陶冶斤斧同御覽卷一卷八百三十二八百三十三八百七十三引此條互有詳略其八百四十所引與藝文百穀部同

秦吏趙凱之私恨告國民尖旦生盜食宗廟御桃旦生對曰民不敢食也王曰剖其腹出其桃史記惡而書之曰食

桃之肉當有遺核王不知此而剖人腹以求桃非理也

藝文類聚菓部引周書此當入瑣語

文王昌曰吾聞之無變古無易常無陰謀無擅制無更創為此則不祥太公曰夫天下非常一人之天下也天下之國非一人之國也莫常有之唯有道者取之古之王者未使民民化未賞民民勸不知怒不知喜愉愉然其如赤子此古善為政也

太平御覽八十四引周書疑是漢志太公二百三十七篇之文

文王獨坐屏去左右深念遠慮召太公望曰帝王猛暴無文强梁好武侵凌諸侯苦勞天下百姓之怨心生矣其災乎奚行而得免於無道乎太公曰因其所為且興其化上知天道中知人事下知地理乃可以有國焉

太平御覽八十四引周書案雒書靈准聽亦有此文帝王作商王且興作但興

黃帝始穿井

太平御覽一百八十九引周書案初學記地部引世本云伯益作井亦云黃帝見百物始穿井下注云周

書黃帝始穿井

微子開者紂之兄也紂不道數諫不聽度紂終不可諫欲死之及去未能決乃問太師箕子少師比干曰紂沉于酒婦人之言是用若涉水無津涯箕子曰今誠得治國國治身死不失爲始終不治不如去之紂乃爲象牀彼爲玉牀則思遠方珍異之物而御之矣爲人臣者諫不聽則彰君之惡乃被髮佯狂比干曰君有過不以死爭百姓何辜矣乃直言諫紂紂怒剖觀其心微子曰父有過三諫不聽則號泣而隨之臣三諫不聽則其義可去矣後周武王滅紂

封之於宋其地則魏齊楚之分

太平御覽四百五十六引周書案此似大傳文故末句有其地則魏齊楚之分

明堂方百一十尺高四尺階廣六尺三寸室居中方百尺室中方六十尺東應門南庫門西皐門北雉門東方曰青陽南方曰明堂西方曰總章北方曰玄堂中央曰太廟以左爲左个右爲右个也

太平御覽五百三十三引周書明堂又顏師古明堂議周書之敘明堂紀其四面則有應門雉門

成王將加元服使人來零陵取文竹爲冠

太平御覽六百八十四引周書案零陵之名起於後

世疑所引有誤

武王不閉外門以示無懼去劍搢笏以示無仇

太平御覽六百九十二引周書

知與衆同者非人師也大知似狂不癡不狂其名不彰不

狂不癡不能成事

太平御覽七百三十九引周書又四百九十引周書

太公望忿然曰不癡不狂其名不彰不狂不癡大事

不成藝文類聚人部引周書曰智與衆同者非人帥也且成事必在大智棊所引俱不如此條詳備又六韜軍勢篇云智與衆同非國師也則此條出太公無疑

甘食美衣使長貧

太平御覽八百四十七引周書

葛小人得其蘖以爲蘖君子得其材以爲絺綌以爲君子朝廷夏服

太平御覽九百九十五引周書

魚龍成則藪句　澤竭則蓮藕掘

太平御覽九百九十九引周書邵氏爾雅正義卷十

四引逸周書藪澤竭則蓮藕掘也誤

武王膺受大命革殷受天明命

文選王融曲水詩序革宋受天注引周書曰武王膺

受大命革殷受天明命又曰我聞古商先王成湯保

生商人萊我聞古商先王云云見商誓解則所引武

王膺受大命十二字疑是商誓其周郎命下空方之

缺文梁氏曜北謂是克殷解脫文

王曰余不知九星之光周公曰星辰日月四時歲是謂九
星九星九光

文選任昉宣德皇后令不改三辰而九星仰止李善
注引周書

君憂臣勞主辱臣死

文選潘岳關中詩主憂臣勞李善注引周書案此二
語見越語又見范睢列傳

美爲士者飛鳥歸之蔽于天魚鼈歸之沸于淵

文選袁彥伯三國名臣序贊潛魚擇淵高鳥候柯李

善注引周書

湯放桀大會諸侯取天子之璽置天子之座

唐六典引周書案此乃湯祝解中脫文亦見書大傳

諸書誤引

孔子曰文王得四臣邱亦得四友自吾得師也前有光後有暉是非先後邪

文選沈約齊故安陸昭王碑文前暉後光李善注引周書案尚書不應有孔子曰此乃書大傳之文

周成王時於越獻舟

藝文類聚舟部引周書案藝文狐部引周書成王時青邱獻九尾狐車部引周書王會成王時白州獻比閭鳥部引周書成王時蒼梧獻翡翠獸部引周書成王時不屠獻青熊此於越獻舟乃竹書紀年中語

成湯自契至湯八遷始居亳

太平御覽八十三引逸周書案此約竹書紀年成文非周書也

周公三撻伯禽往見商子商子曰南山有橋父道也北山有梓子道也盍往觀之而伯禽往見橋梓明日朝伯禽俯

而趨周公迎而撫之曰汝安見君子哉

太平御覽五百十八引周書案此是伏生大傳非周

書也

五湖元唐鉅野濩

廣博物志卷四十三引周書案此七字見尚書大傳

西海魚骨魚幹魚脇北海魚鉤魚石出瑱擊閭河甗江鱓

鉅定嬴濟中贍諸孟諸靈龜大都鯉魚魚刀咸會於中國

廣博物志四十九引周書案此俱見尚書大傳

濟中贍諸

方以智通雅云蟾蜍一作瞻諸王會濟中瞻諸案濟
中瞻諸見尚書大傳玉海類攷於王會之後方君未
及細檢故誤以爲王會矣

惟予一人營居于成周予一人有善易得而見也有不善
易得而誅也

經義考引呂氏春秋以爲逸書案呂氏恃君覽長利
篇南宮括對甯繆公有此語未嘗云出周書也語亦
載說苑至公篇與呂氏異

天狗所止地盡傾餘光燭天爲流星長十數丈其疾如風

其聲如雷其光如電

山海經大荒西經金門之山有赤犬名曰天犬其所下者有兵郭璞注引周書郝懿行曰疑當爲漢書之訛天文志云天狗狀如大流星有聲其止地類狗所墜及望之如火光炎炎中天其下圜如數頃田處其上銳見則有黃色千里破軍殺將

天竹

山海經海內經天毒郭注天毒卽天竺國吳任臣曰天毒漢書作天竺汲冢周書作天竹衡案天竹二字

不載汲冢周書檢尚書微子篇有天毒降災荒殷邦語天毒史記宋世家作天篤惠定宇曰平輿令薛君碑又以竺爲篤古毒篤竺三字皆通用據此則吳氏所引豈以周書微子誤爲逸周書乎失之

命榜人

何義門曰上林賦張揖注引月令云命榜人蓋周書月令之文見困學紀聞集證卷五衡案此係子虛賦榜人歌下注張揖又云榜人蓋船長也其所云月令者謂小戴月令也禮月令命漁師伐蛟鄭注今月令令漁師爲

榜人也據淮南時則訓令滂人入材葦滂榜通榜又通作舫說文舫字引明堂月令舫人習水者然則榜人滂人漁師船長一也何氏以爲周書月令失之

知大文者冠鷸

格致鏡原鳥部引作逸周書爾雅正義卷十八引同蓋俱誤以禮記爲逸周書也案說文鳥部鷸知天將雨鳥也从鳥矞聲禮記知天文者冠鷸錢坫說文解字斠詮曰應是逸周書其說亦誤邵晉涵爾雅正義曰今禮記無此文段玉裁曰引禮記者漢志百三十

一篇中語也獨斷曰建華冠形制似縷鹿記曰知天文者服之鄭子臧聚鷸冠前圓此則是也司馬彪輿服志引記曰知天者冠述知地者履絇莊子鷸一作述然者述者鷸之省毛傳遹述也古音同也說苑知天道冠鉥知地道者履蹻則又假鉥蹻爲鷸絇字衡篆顏師古匡謬正俗引知天文者冠鷸爲遹禮記

成王時封人獻郵郵若蠅而喙長

陳元龍格致鏡原水族引周書王會徐應秋談薈卷二十六亦引然未見出處俟考

附錄諸書引今文秦誓不錄

舉兵之日而境內不貧戰而必勝勝而不死得地而國不敗

管子兵法引大度之書房注謂大陳法度之書衡案大度似是書篇名

則以觀德德以處事事以度功功以食民

左傳文十八年太史克引周公制禮慈谿陳煒經傳釋義曰案周語單子引周制晉語子餘引禮志與史克所引周禮蓋一類之書

毀則爲賊掩賊爲藏竊賄爲盜盜器爲姦主藏之名賴姦之用爲大凶德有常無赦在九刑不忘

左傳文十八年太史克引誓命杜注誓命以下皆九刑之書九刑之書今亡

聖作則

左傳昭六年叔向引書杜預曰逸書也衡案說命有明哲實作則

有亡荒閱

左傳昭七年引周文王之法杜注荒大也閱蒐也有亡人當大蒐其衆衡案此傳下文又引僕區之法杜

注僕區刑書名則周文王之法當亦刑書蓋卽漢志
周法九篇之文故第曰法而不著篇名

列樹以表道立鄙食以守路國有郊牧疆有寓望藪有圃
草囿有林池所以禦災也

周語引周制韋注制法也衛案語意與逸書近蓋文
傳大聚之類

敵國賓至關尹以告行理以節逆之候人爲導卿出郊勞
門尹除門宗祝執祀司里授館司徒具徒司空視塗司寇
詰姦虞人入材甸人積薪火師監燎水師監濯膳宰致饔

廩人獻餼司馬陳芻工人展車百官以物至賓入如歸

周語引周之秩官韋注秩官周常官篇名

懷與安實疚大事

晉語引西方之書韋注西方謂周詩云誰將西歸又曰西方之人皆謂周也衡案韋說則西方之書卽周書矣猶左傳所謂文王之法也

求聖君哲人以裨輔而身

墨子尚賢中引距年又尚賢下引豎年晞夫聖武知人以屏輔而身與此語義同案豎年卽距年

夫建國設都乃作后王君公否用泰也輕大夫師長否用

佚也維辯使治天均

墨子尙同中引相年案相當作距

得璣無小滅宗無大

墨子明鬼引禽艾又呂氏春秋報更曰此書之所謂

德幾無小者也畢校曰翟氏灝謂逸周書世俘解有

禽艾侯之語當卽此禽艾但一二語尙未見所出衡案

禽艾是書名世俘解之艾是國名迥不相涉

紳之東之

韓非外儲說引書

既雕既琢還歸其樸

韓非外儲說引書

七正二十八舍

史記律書引書

恃德者昌恃力者亡

史記商鞅傳引書

成功之下不可久處

史記蔡澤傳引書

先其算命

漢書曆律志引書師古曰逸書也言王者統業先立算數以命百事也

三日曰朏

漢書曆律志引古文月采篇師古曰月采說月之光采其書則亡衡案月之光采有何可說顏蓋以意測月采之義而非得之目驗也月采當卽魯語大采朝日少采夕月之義書召誥正義引周書月令三日曰朏則又誤以月采爲月令矣案今本月令篇全亡止

御覽所引改火數語耳

四輔不存若濟河無舟矣

文選張衡思玄賦譬臨河而無航注引周書陰符

周穆王姜后晝寢而孕越姬嬖竊而育之斃以玄鳥二七塗以彘血寘諸姜后遽以告王王恐發書而占之曰蜉蝣之羽飛集於戶鴻之戾止弟弗克理皇靈降誅當復其所問左史氏史豹曰蟲飛集戶是曰失所惟彼小人弗克以育君子史良曰是謂關親將留其身歸于母氏而後獲寧冊而藏之厥休將振王與令冊而藏之於櫝居三月越姬

死七日而復言其情曰先君怒予甚曰爾夷隸也胡竊君之子不歸母氏將寘而大戮反王子於后

文選張衡思玄賦子有故於玄鳥兮歸母氏而後寧李注引古文周書叅其辭義似是師春瑣語之類

好用小善不得眞賢也

文選謝朓拜中軍記室辭隋王箋抽揚小善李善注引周書陰符

凡治國有三常一曰君以舉賢爲常二曰官以任賢爲常三曰士以敬賢爲常夫然雖百代可知也

初學記人事部引周書陰符○案周末先秦兩漢及經疏所徵引者不勝枚舉茲先就見聞所及錄之以見一斑其有以恃德者昌諸語爲逸周書者恐不足據以所引但言書并不言周書也

昔胡君應麟有注竹書紀年逸周書穆天子傳之願見所著筆叢予于嘉慶癸酉刊紀年今周書又卒業惟穆天子傳尚未暇考聚未知他日能成此志否道光五年小暑日衡又識

卷末終

(晉)孔晁 注　(清)丁宗洛 箋

逸周書管箋十卷疏證一卷提要一卷集説一卷摭訂三卷(疏證 提要 集説 卷一)

清道光十年(1830)濟寧海康丁宗洛迂園刻本

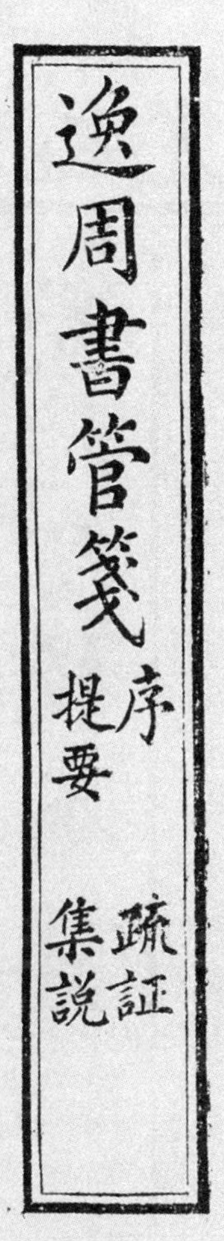

逸周書管箋

序　提要

疏証　集説

道光庚寅秋梓成

夢陸居校本

逸周書管箋

迂園初板

濟寧州刻字老鋪文定齋章氏承刻

開設州城南門外東邉蓮亭之左

鄉釣以經學受知於阮芸臺宗師曾謂能用逸周書是必留心古籍者然其時不過摭採字句襲取詞調矜博雅而騁藻繪於經旨闓奧毫未窺也既而苦殘缺之難補慨訛誤之莫更求一善本不可得因之輟業者三十餘年玆我瑶泉公祖出所著逸周書管箋一編屬為較錄釣受而讀之見其據孔博士舊注參取周氏盧氏各本詳考博辨將以別黑白而定一尊又與難弟浮山先生口訂手勘晦明弗懈增損塗乙朱墨雜错務求足以垂世而行遠釣覽玩不忍釋手若遇良友於離群索居之後不覺臭味之何以親如覩光天霽日於陰霾開豁之餘不覺耳目之何以爽甚矣古義雖奧必有會心之人古籍雖沉必有顯播之日誰謂此書竟無善本哉夫注書而不能發前人之所未發則其書可以不注發前人之所未發而不

先得乎後人之所欲發則其注未必遂傳發前人之所未發得後人之所欲發而無關於綱常倫紀之大不能曲闡乎古聖賢心跡之微不克滌蕩乎數千年諸家晦盲否塞之迷謬則其傳亦未必能久是編如疏証之賅洽摭訂之詳贍覺其書卓然與百篇中周書並重兩箋釋之平正確實明白曉暢亦足與蔡傳並傳尤愛提要一卷剖析微芒洞窺原本俾數千年疑案一旦渙若氷釋不惟議武非聖人如東坡者流固已無從置喙即以此書爲戰國處士所纂而非孔子刪論之餘者亦當自悔其寡識謂非不朽之盛業與釣年來以經學爲耕耨計而於古籍究鮮有闡發歲月虛擲老大自傷今讀是編方爲此書幸而輙不禁俯首生愧云道光戊子春日

治晚生陳釣謹序

羣經中惟尚書最難讀有今文有古文有中古文說者謂中古文即漆書古文爲眞古文顧易亦有中古文未必書之中古文果眞古文也漢初有二十八宿之議古文未顯而今文特重然至唐僞古文行矣而今文尚書之稱數見不鮮豈即漢所謂今文乎是又何書也古文可疑今文亦有可疑如堯典今文也虞舜二字虞者國號舜者帝號不應有鰥在下之日帝廷稱之孟子不告而娶辨論再三而書言釐降二女在嬀汭又不格姦之後可信者在孟子則書此節何解金縢今文也今天動威以彰周公之德何致周公之號遽出成王口中且以通篇稽諸史記魯世家合兩事爲一事遂致雷電以風千載嘵嘵康誥今文也何以武王誥康之篇反與酒誥梓材並列成王大誥之後封衛在成王時何以左傳言命以康誥而封於

殷墟多士今文也經一言周公初于新邑洛再言今朕作大邑于茲洛何以厚言成周既成遷殷頑民其地與事兩不相應多方今文也而天惟五年須暇之子孫誕作民主此五年從何時數起予與瑶泉促膝都門每當月夜酣歌雪牎爐暖唱和外輒以此等疑義相辨難瑶泉曰君欲破此疑團乎有一書予曰其殆史所稱尚書逸篇之周書矣乎猶憶嘉慶戊辰瑶泉旅寓安平抱悼亡之戚會寄予信謂議續絃未就惟以訂勘逸周書效吕東萊作博議且約予共校俟他時質證同異故予嘗竊誦其書言文王者二十五篇言武王者二十一篇雖語多晦澀字多訛闕要足見謨烈之遺皇門成開大戒等篇古奧深厚大匡大聚文傳文政等篇醇雅淵懿皆豐鎬盛時之文商誓與多士多方相出入度邑作洛與召誥洛誥相發明

嘗麥與呂刑相彷彿祭公芮良夫與無逸君奭相近似意其足相印証者在是乎瑶泉曰未也百篇中周書十九篇紀武王者二豈孔子概删之祇約成牧誓洪範二篇乎泰誓言觀政于商似武王有圖商之志甲子之役卽孟子亦言聞誅一夫紂未聞弑君似武王踐阼已極紂之死史記言斬紂頭以及諸書言繫纓車曳甚於伍員之鞭楚平文武相承之年數伐殷前後之月日史記漢書兩相矛盾周公當主少國疑之際而踐祚涖宅載號載呶甚至如劉恕外紀以周公紀元當其時瑶泉逐條覼縷風生泉湧予噤口不能作一聲卽强識之亦莫詳且熟故瑶泉分符沛上予亟勸其剞劂以授梓瑶泉欿然曰中庸取自禮記孟子取自戰國策皆賴諸儒表彰之力此書足與尚書並重吾必求所以表彰之猶有待迨予倅叨甲第

作寧五臺瑶泉遺先後所梓書數種併言逸周書將付剞劂爲之賁其稿以相示予讀之全書十卷外有疏証提要集說攟訂四卷葢倅州數年與難弟浮山所共成者粲武之以德爲本以義爲術以信爲動以成爲心以決爲計以節爲勝提明以見武王治國治天下之要道酆謀之時至矣乃興師循故辨之以爲伐黎之舉武寤之王不食言厤赦定宗揭之以彰武王無利天下之意克殷之登于廩臺之上屏遮而自燔于火表紂爲千古最先殉國之君立王子武庚命管叔相閒之以爲武王不幸値紂已死故黜於奉戴嗣君而退守舊藩也殷祝一解詳述湯之請桀何與於周而編入周書繹作者之意葢以湯明武紂若不死武王必請復辟斯明徵也文傳言文王受命九年寶典酆謀並言王三祀大匡指後篇文政兩言十有三

祀與漢書之合文九武四爲十三年不同亦與晚出泰誓之十三年不同武儆言十七祀據竹書知史記之本金縢而言克殷後二年崩者誤作洛曰周公立相天子無負扆而朝之事曰周公召公內弭父兄外撫諸侯知周公無流言避難之事曰二年又作師旅臨衛政殷亦無居東二年征東三年之事而且克殷之躬擊斬折世俘之負懸度邑之言居陽翟因其有夏之居作洛之言作大邑成周于土中無可辨証之中天然有一確証無可考核之中豁然而成精核予於是嘆逸周書洵有功於尚書且以徵古文之不如今文也屬瑶泉命予序噫予之言奚足爲瑶泉重惟是瑶泉嘗言儒者訂訛闕謬與抱殘守闕同是一心況此書人每鄙爲不足讀而表彰之不遺餘力其心較他經爲更勞且迫哉予交瑶泉二十餘年知其學

皆有所獨得平日之相與辨難者固未足盡其藴也然有論證偶及此書者兹特文之以覆之豈敢言序哉用以誌予兄事瑶泉之素云道光庚寅立春日誼弟張大業謹識

予與瑤泉初訂文字交獲見其所著述十數種有已梓者有未及梓者而其用力之專用心之勤尤在逸周書管箋一書方管箋之付梓也瑤泉問序於予予以簿書鞅掌謂藏事尚需時日而未之就今夏因公晉省攜其副本以自隨旅邸中繙閱數過爲消暑計因喟然曰有是哉瑤泉之樂此不疲也十卷書中訂訛補闕俾世之苦其難讀者忽易讀世之鄙爲不足讀者咸以爲不可不讀而又有疏証使人知冠以汲冢無謂也有集說而知世儒之議之者固毛疵卽譽之者猶膚末也有擬訂而辨別於東遷以後與未東遷以前及今文之可信古文之可疑爲甚晰也至提要則窮原探委曲暢旁通定射擊斬折之解辨負懸之訛闡殉國之旨於是書亦幸無遺議矣顧吾尤有爲瑤泉幸焉者克殷世俘二篇孔注本於史記史記

又本於尸子墨子等書昔賢因武紂之事未嘗不辨無如王子雍後眞古文不可見後人竟無所據以駁史記而訂正此書故其事遂成千古一大疑案眞古文亡而僞古文出使作僞者沿史記諸說以附益於武成則瑤泉終莫能辨卽辨之亦誰信之惟古文不襲太史公之唾餘而武成一篇似留此滲漏以待後人勘定而表彰之故瑤泉始得以是爲武紂辨其可幸爲何如也士大夫一登仕版誰復能枕經葄史握槧懷鉛日不忘秀才本色瑤泉是編研究十數年搜尋千餘卷寢食爲之俱廢而後詞顯義明足與百篇中周書並重天下儒者諒莫不嘆其爲孔博士功臣顧安知瑤泉仕不廢學其心之勤與力之專若此哉予前養痾滁上深知瑤泉積學淵邃宅心醇粹瑤泉每以師道待予迨予涖任數年又喜其佐予以正人

心而善風俗瑶泉之師事予益篤噫予何足爲瑶泉師惟於此書樂誌數言以見相得莫逆之雅云爾道光庚寅夏五下浣書於山左會垣之寓齋

商城楊洞曾魯生氏

書傳不闕汲冢証

前漢書藝文志周書七十一篇注周史記師古曰劉向云周時誥誓號令也蓋孔子所論百篇之餘也今之存者四十五篇矣（此書入書部在尚書後）

蔡邕明堂月令論戴禮夏小正夏之月令也殷人無文及周而文義備所說博衍深遠宜周公之所著也官號職司與周官合周書七十一篇而月令第五十三篇見之從以爲出自呂不韋又云淮南子皆非也

南史劉瓛傳後其族子顯時年八歲天監初舉秀才解褐中軍臨川王行參軍顯博涉多通任昉嘗得一篇缺簡文字零落示諸人莫能識者顯見云是古文尚書所刪逸篇昉檢周書果如其說因大相賞異

隋書牛宏傳 宏曰今明堂月令者蔡邕王肅云周公所作周書內有月令第五十三即此也

按經籍寖興隋幾與漢爭烈然異書間得祕書監牛宏之力居多宏所奏具載本傳志經籍者苟緣攷汲冢所得則此書自然昭晰固不僅明堂月令原本中郎之爲有徵也即以此論中郎在家未發以前其言周公所著足見漢已有此書牛氏在冢既發以後而稱引此書若不知有汲冢者此考汲冢有此書與無此書之一大樞紐也

前漢書注 蕭何傳周書曰天與不取反受其咎 師古曰周書者本與尚書同類蓋孔子所删百篇之外劉向所奏有七十一篇 按越語范蠡曰臣聞之得時無怠時不再來天予不取反爲之災其語與蕭何傳相近而卻不類此書意其時別有一周書也王伯厚於魏策任章引周書將欲敗之必姑輔之將欲取之必姑與之疑是蘇秦所讀周

書陰符之類竊謂蕭傳所引或亦似此

〔又〕陳湯傳周書曰記人之功忘人之過宜爲君者也　師古曰尚書之外逸書也

〔史記索隱〕商鞅傳書曰恃德者昌恃力者亡　索隱曰此是周書之言孔子所刪之餘

按史公不言何書而小司馬直指此書意此二語唐時此書中尚未亡鈌故可據耳不然如蔡澤傳成功之下不可久處二句亦第稱書曰而索隱何不明釋耶是時冢發已久而指此書者仍本漢志則讀者自當領會

〔說文繫傳〕祘明視以算之从二示逸周書士分民之祘均分以祘之也讀如算　徐氏曰逸周書謂孔子所刪尚書百篇之外也以其散故疑故訛漢興購得之故曰逸周書

按群籍引稱周書者頗多或不注何書如史記楚世家蒙恬傳是或第注逸書如前

漢書王商傳是其語苟不見篇中無容據爲此書之証若注既與尚書相比合如上數條則雖無所引之句而灼然信爲此書矣至其語畧具篇中者別詳於後各門如主父偃傳俛字繫傳二句有一句符合是

又按當代志書當時誰敢不遵然唐人於此書非但不修隋書者不名汲冢即共修隋書者亦不名汲冢非但唐初諸儒不以爲汲冢即唐末諸儒亦不以爲汲冢延及五季博洽者鮮校正無聞而徐氏由南唐入宋所著說文繫傳仍諄諄於逸之稱全與汲冢無涉則知在唐本自明了至宋乃始紛挐耳此考此書不稱汲冢而忽稱汲冢之一大界限也

宋李燾曰按隋經籍志唐藝文志皆稱得於晉太康中汲郡魏安釐王冢

據此則晉以前應未有也然劉向及班固所錄並著周書七十一篇而司馬氏記武王克殷事亦多先與此合豈西漢已得入中秘其後稍隱學者不道及盜發冢乃幸復出耶是蓋司馬班劉所見者繫之汲冢失其本矣

丁黼曰班固藝文志書凡九家有周書七十一篇劉向云周時誥誓號令蓋孔子所論百篇之餘也以兩漢諸人之所纂記推之則非始出於汲冢也明矣

王應麟曰隋唐志繫之汲冢然兩漢已有周書也考晉書束皙傳太康二年汲郡得竹書七十五篇其目不言周書左傳正義引王隱晉書云竹書七十五卷六十八卷有名題七卷不可名題其目錄亦無周書然則

繫周書於汲冢其誤明矣

元黃玢曰其書十卷晉太康中盜發汲郡安釐王冢而得之故繫之汲冢所言文王與紂之事故謂之周書劉向以爲周時誓誥號令班固藝文亦有其篇目司馬氏記武王伐紂事正與此合然則兩漢之世已在中祕非始出於汲冢也

明方孝孺曰汲冢周書十卷七十一解或謂晉太康中得於汲郡魏安釐王冢故曰汲冢以論載周事故曰周書宋李燾以漢司馬遷劉向嘗稱之謂晉時始出者非此固然矣

楊慎曰漢以來原有此書不因發冢始得也

姜士昌曰此書劉歆七略班固藝文志已有之而汲冢發自晉太康二年

得書七十五篇其目具在無所謂周書當仍舊名不得繫諸汲冢楊用修太史論辨甚覈

薑斯張曰世儒謂周書出汲冢乃克殷度邑二解載史記確爲逸書非後儒竄入者太史公去伏生不遠其辭亦近之

國朝四庫全書目錄是書自隋志稱汲冢然晉書荀勗束晳諸傳有汲冢書無周書漢志乃有周書七十一篇與今本合是隋志誤也今從郭璞爾雅注題曰逸周書云謹按此書入别史類各門恭引國朝欽定之書初皆弁冕羣籍及考四庫全書通例會稡稟承訓旨冠於國朝若述之首俾尊卑有序而時世不淆仰見聖量淵宏不掩前代茲敬從之以便辨别源流足資考証云

閻百詩若璩尚書古文疏證卷一今汲冢周書漢志正名周書班固以爲周史記顏師古云蓋孔子所論百篇之餘六朝人亦謂之尚書逸篇觀

南史劉顯傳可見

箋曰前漢書藝文志序云漢興改秦之敗大收篇籍廣開獻書之路迄孝武世書缺簡脫禮壞樂崩上喟然曰朕甚閔焉於是建藏書之策置寫書之官下及諸子傳說皆充祕府至成帝時以書頗散失使謁者陳農求遺書於天下詔光祿大夫劉向與任宏尹咸李柱國同校每一書已輒條其篇目撮其旨意錄而奏之向卒哀帝復使向子歆卒父業歆於是總群書而奏其七略洛意據此則西京墳典應以七略爲左券此書之得雖不如伏生晁錯炳然可據要必已登於七略者故班氏志藝文因之且其言曰孔子所論百篇之餘是時去周未遠必有所承受非佹言也或疑此書漢後湮沒無從尋索嘗攷博物志引蔡邕言曰禮記

月令周公作又曰蔡邕有書萬卷漢末年載數車與王粲粲亡後相國掾魏諷謀反粲子與焉既被誅邕所與粲書悉入粲族子葉字長緒即正宗父正宗即輔嗣兄也等語夫月令乃此書之篇漢儒採入禮記蔡氏以爲周公作而且具爲章句則當日此書必並珍於萬卷之中其由粲傳至正宗數朝之間亦必有其書此由漢而魏晉先有一本流傳不關汲冢之一確據也漢及魏晉諸儒有引述此書者皆不關汲冢之証因後有專條此不先及

得書亦自冢中証

隋書經籍志序四曰丁部有詩賦圖讚汲冢書

經籍志周書十卷注汲冢書似仲尼刪書之餘入雜史類

唐書藝文志汲冢周書十卷入雜史類　孔晁注周書八卷

按書有十卷而注僅八卷何也今考第三卷酆保大開小開文儆四篇第五卷商誓度邑武儆五權四篇第六卷明堂嘗麥本典三篇第七卷官人一篇第十卷武紀銓法器服三篇共十五篇皆無注加以十一篇之亡闕此注所以僅分爲八也與

宋史藝文志 汲冢周書十卷注晉太康中於汲郡得之孔晁注在經部與尚書並列

按唐志於經曰汲冢周書於注曰周書已覺參差而宋史曰汲冢周書似是原本唐志第其注不言八卷又與唐志稍異意唐時經注各自爲書如左傳之於春秋正經至宋則注已附經如杜氏分傳之年以合經之年故一剖析而一不剖析歟

晁公武讀書志 汲冢周書十卷晉太康中汲郡與穆天子傳同得入史部雜史類

陳振孫直齋書錄解題汲冢周書十卷晉太康中汲郡發魏安釐王冢所得竹簡書此其一也入經部書類

楊愼升菴外集汲冢書古之逸周書也

按升菴此語似無病弊而却未允協嘗玩此段原文謂薛瓚漢書注引汲郡古文晉武公滅荀翟章救鄭梁惠王發逢忌之藪三條今汲冢書不載其意蓋指此書也升菴若考此三條出於何書亦應豁然頓悟薛注之引曰汲冢書者係屬何書乃彼之意欲辨此書不宜稱汲冢轉以不載者爲此書非發冢所得之據遂云汲冢書即逸周書其言方似咎世人誤以非汲冢而妄名汲冢又似謂從來之名汲冢書者皆係此書語意遂無把握矣然以逸周書爲汲冢書尚與諸家

同子故引其言而辯之

郭棐曰古書自六籍外傳者蓋少矣劉向所錄則有周書七十篇晉太康中盜發汲郡魏安釐王冢得之

胡應麟曰汲冢周書所載克殷度邑等篇采於史遷時訓明堂等篇錄於禮記蓋或仲尼刪削之餘戰國文士綴輯遺亡益以縱橫夸誕而成之者漢藝文志七十一篇注引劉向云今存者四十五篇則當時脫佚幾半子長所采殆存於四十五篇之中者其餘篇至冢發而復完也

又曰春秋戰國之書亡於秦漢而出於晉之汲冢以傳於後者厥有三焉魏紀年也逸周書也穆天子傳也紀年合乎魯史逸周書合乎尚書穆天子傳合乎山海經非其事之合已也其文其體其義合者往往如

出一手

箋曰晉書束晳傳臚列竹簡之目不及此書識者遂執爲汲冢所無此書之據然而隋經籍志以汲冢書注之則何也意者書經五厄購重一縑語本牛宏傳異號爲珍不暇審擇耶抑或晳傳中有周書二字自發冢得書蟫聯而下修隋經籍者不加詳覈遂誤注耶是不得謂非魏徵等之疏也自隋志稱紀年汲冢書穆天子傳汲冢書古文瑣語汲冢書此書如之於是汲冢之號如山矣歷唐及宋若仍曰周書無以別於百篇中之周書第曰汲冢書又無以別於紀年瑣語穆天子傳之汲冢書其稱汲冢周書亦時會之不得不然者吾嘗讀隋經籍志序云校寫旣定本即歸主故民間異書往往間出因思得自四方時逾百載則冠以汲冢

蓋有由然不然晉書隋書皆唐初修定而何爲自成矛盾耶

卷篇存闕多寡証

漢志　周書七十一篇

蔡邕論　周書七十一篇

隋志　十卷

唐志　十卷

顔師古曰今之存者四十五篇此條據經義考

劉知幾曰周書與尚書相類卽孔子刋約百篇之外凡爲七十一章

宋史　十卷

林之竒曰班固藝文於古今書外又有周書七十一篇

晁公武讀書志　汲冢周書凡七十篇

洪邁曰周書今七十篇

李燾曰或稱十卷或八卷大抵不殊篇目比漢但缺一耳

劉克莊曰汲冢書十卷七十篇與漢藝文志周書七十一篇合但少一篇

朱竹垞云周書篇目七十合以序一篇適如漢志李仁父劉后村謂缺其一誤也略按凡言七十者皆不併後序一篇耳

楊慎曰案漢藝文志有逸周書七十一篇以今所謂汲冢周書校之止缺四篇全文詳後集說門

按升菴此語蓋舉束皙傳所載七十五篇與此書相較而言之也夫使升菴不知有束皙傳則已升菴而既詳晰傳語自紀年以下凡十

數種共七十五篇與此書自序訓至書序共七十一篇者兩不相涉而胡爲兩相比較耶傳又云七篇簡書折壞不識名題則是七十五篇中僅存六十八篇與此書七十一篇中亡其十一而僅存六十篇者更爲背馳而顧云止鈌四篇耶在升菴之意原謂雖鈌四篇仍爲兩漢已有之書而特不念七十一之篇目若何七十五之名號若何祗因晉傳漢志爲數不甚相懸强相扭合其然乎其不然乎升菴謂此書不關汲冢是矣而謂發冢只逸周書并無他書誤也謂今之汲冢周書卽漢志之逸周書是矣而謂世之稱爲汲冢周書者竟係紀年十數種之書則誤也汲冢書如紀年穆天子傳皆烜赫於後世者以升菴之博洽豈其未嘗一覽而窺其比較以求合之意竟似自唐

以來所稱汲冢周書者卽指束晳傳中所詳列紀年至雜書各種吾恐隋唐諸儒亦不任受誣也然則止鈌四篇一語應云適符其數方合而全文亦毫無病弊矣

胡應麟曰逸周書七十篇漢時僅存四十五篇今周書十卷其七十篇之目並存而闕程寤秦陰九政九開劉法文開保開八繁箕子耆德月令十一篇之文所存五十九篇并後序一篇共六十篇蓋非完書也

國朝汪士漢曰愚按班志載七十一篇僅存四十五篇今之傳者其目則七十篇所存則五十九篇意逸周書七十一篇秦火亡其二十六汲冢則得書五十九厥數較增於昔故以汲冢周書名之耶

盧紹弓文弨據蔡邕論牛宏傳以呂氏春秋十二紀首章補月令洛証以

文獻通考其說可從今存者并後序爲六十一篇
箋曰漢書注今存者四十五篇一語自明以前皆以爲劉子政之詞至朱氏經義考始舉而屬之於顏師古夫以爲劉氏語則始而四十五篇發冢增多十四篇與諸汲冢厥義可通若以爲師古也則冢發已久仍係四十五篇彼十四篇何時補增乎諸說盡窒而難通矣然吾以爲無不可通也蓋孔傳士注此書時原有二本顏師古注漢書時此書亦尚有二本惟晉有二本也故大武解三擯厥親句注云擯一作損克殷解荷素質之旗于王前句注云一作以前于王是孔氏只據一本以作注惟唐仍有二本也故師古與修隋書應知此爲汲冢書而漢書注乃全不道及且李善注文選王元長曲水詩序引度邑解邱中云周書邱或

爲苑引王會解云侮食古本作晦食其有二本益屬明徵此可知四十五篇者自一本五十九篇者自一本也今若以四十五者爲漢傳之本五十九者爲冡出之本我不敢知曰是必其然惟是發冡復顯之說萌芽於李巽巖至汪隱侯則大暢厥旨然巽巖猶未較量其篇數汪氏則意主於以四十五五十九通乎汲冡與非汲冡之故雖似甚晰而轉覺騎牆大約經五季之亂四十五篇者漸泯惟五十九篇者無恙即非汲冡而亦汲冡之矣固非必篇數特多而遂果出於汲冡也

箋又曰自隋志有汲冡書之稱後人幾不知此爲晉前已有之書矣然修隋書者唐人也非隋之誤也自唐志有汲冡周書之稱後人幾不知此爲發冡未嘗有之書矣然修唐書者宋人也非唐之誤也唐修隋志

而曰汲冢書何以唐諸儒如歐陽詢之藝文類聚虞世南之北堂書鈔徐堅之初學記及李善文選注章懷太子後漢書注司馬貞之史記索隱張守節之史記正義凡引此書僉曰周書終唐之世未有名汲冢者宋修唐志而曰汲冢周書何以宋之淵博者如李巽巖王伯厚均以爲繫諸汲冢之非毋亦當時士大夫不敢明辨當代之史故自立說以寄其趣耶此可見名雖異名而書只一書矣夫欲晰其源流必博徵其援引欲定其稱謂必炳據其文詞使此書而毫無缺脫也則晉前凡引曰周書即係此書尚有何疑無如脫逸且十餘篇也又使汲冢更無他書殽之也則晉後凡稱汲冢書亦係此書更無異議無如汲冢書且有數種也則其語今不見於篇中其本非此書與係此書而先存後闕不敢

臆定矣洛今分爲三門旁搜博採或同此一語而各人所稱不同如貘有爪而不敢以撅一語說文引稱周書博雅引稱逸周書或均此一書而一人所稱各異如郭景純注山海經引此書曰周書注爾雅又曰逸周書隨門登錄用証本初或其語不具篇中則不敢濫及恐滋後人之惑至所據在本書以本書爲主所據在注以注爲主故惟各門自分先後而合之則難計時世也

周書証

戰國策田軫爲陳軫章夫晉獻公欲伐郭而憚舟之僑存荀息曰周書有言美女破舌　又欲伐虞而憚宮之奇存荀息曰周書有言美男破老

注補曰汲冢周書美男破老美女破舌武之毀也注云所以毀敵也武稱解注係節錄

按策文明言周書而注𨚫言汲冢周書是殆蔽於發冢始出之說者發冢始出之說宋敵之而尚自疑之而如吳師道此注則已毫無所疑蓋至元而汲冢之稱大熾矣又按分類取証之式凡語同而稱異者皆宜分見則汲冢與不汲冢何容並列然此條因傳注未便割裂故連及之後左傳注補正倣此

蘇子爲趙合從章○○說魏王曰周書曰綿綿不絶蔓蔓若何毫毛不拔將成斧柯和寤解今經第三句作豪末不掇注補曰家語孔子觀周廟金人之銘曰焰焰不滅炎炎若何涓涓不壅終爲江河綿綿不絶或成網羅毫末不扎將成斧柯云云策謂周書其指此歟後漢書何敞傳絶其綿綿二句注引金人銘涓涓不壅四句與此注同

按國策補注於美男破老二語旣以爲汲冢周書此章亦明言周書

而忽引金人之銘何也毋亦因第三句與此書之和寤解不同故舍

此引彼耶抑或未曾檢及耶

墨子七患篇周書曰國無三年之食者國非其國也家無三年之食者子

非其子也文傳解

按文傳解夏箴曰小人無兼年之食遇天饑妻子非其有也大夫無

兼年之食遇天飢臣妾輿馬非其有也句法雖頗類而語意却不同

盧氏據胡廣百官箴敘語以爲卽引此詳見本篇

韓非子難勢篇引周書無虎傅翼將飛入邑擇人而食寤敬解 今經邑作宮盧氏据此改

按後漢書翟酺傳虎翼一奮句注引此直云韓詩外傳蓋未考韓氏

之卽引此書也

呂氏春秋貴信篇故周書曰允哉允哉注周書逸書也大戒解

按周秦載籍引逸周書亦何當於汲冢不汲冢之故而必首爲摭採者秦燔既熄遺文碎句見於後無異於前考所自來正可以註語之參差曲証本原之一致吾尤愛高誘呂覽一注今不在書中者曰周公所作今在書中者曰逸書逸即孔子所論百篇之餘之謂想見其時某周書某周書纍然畢具故列别若此迄後同號者泯没惟此巋然獨存兹並著錄是亦考鏡之林也高註惟聽言篇往者不可及四句不言何書

史記蘇秦傳周書曰綿綿不絕蔓蔓奈何毫釐不伐將用斧柯和寤解今經奈作若釐作末伐作掇用作成按下二句語意與經旨微異

主父偃傳故周書曰安危在出令存亡在所用王佩解今經作存亡在所用離合在出命

前漢書主父偃傳故周書曰安危在出令存亡在所用同上史記注師古曰此周書者本尚書之餘

說文解字貀周書曰貀有爪而不敢以撅徐氏按逸也周祝解今經貀作貐當是傳寫之訛据此改正按逸也一語恐有脫字或言豕逸或言書逸似難臆定正字通云唐本說文貀豕屬徐本改訓豕逸非貀本義从唐爲是所辨尚須商酌

䠣周書曰不卵不䠣以成鳥獸文傳解今經作不靡不卵以成鳥獸之長

馬融論語鑽燧改火注周書月令有更火之文春取榆柳之火夏取棗杏之火季夏取桑柘之火秋取柞楢之火冬取槐檀之火一年之中鑽火各異木故曰改火也按今月令無此文蓋原文既闕所据以補之呂覽語句未必一一符合說見摭訂門月令條下

鄭康成周禮大行人各以其所貴寶爲摯句注所貴寶見傳者若犬戎獻

白狼白鹿是也其餘則周書王會備焉

儀禮射禮於郊則閭中以旌獲句注閭獸名如驢一角或曰如驢歧蹄

周書曰北唐以閭析羽爲旌王會解　今經唐下有戎字析羽爲旌另是一節注語○二條經注皆節錄

潛夫論實邊篇引周書曰土多人少莫出其材是謂虛土可襲伐也土少人衆民非其民可遺竭也是故土地人民必相稱也文傳解　今經作開望曰土廣無守可襲伐土狹無食可圍竭二禍之來不稱之災

救邊篇周書曰凡彼聖人必趨時周祝解、今經凡是觀趨與趣古字通

按志氏姓篇有晉平公使叔譽聘於周至弗能與言及汝知人年至其後三年兩段雖不言周書然實約太子晉之文經內曾經取証故録之

左傳注文二年傳疏曰周志有之勇則害上不登于明堂注周志周書也

補正朱鶴齡曰二語出汲冢周書大匡解按經作勇知害上則字在下句首明郭棐引作知勇害上

是知字宜讀去聲但經上文齊則曰知乃訛誤之字本句易知非雙項文法故從盧氏改知為如又經卷二卷四均有大臣解此二語在卷四大臣解中竊欲加一後字以别之說詳本篇

襄二十六年傳國子賦轡之柔矣注逸詩見周書詳見太子晉解

哀二年傳克敵者上大夫受縣下大夫受郡注周書作洛篇千里百縣縣有四郡今經作國西土為方千里分以百縣縣有四郡

按杜氏注左既成汲冢始發玩集解後序可見矣以上三條直云周書於作洛且指其篇名述其經語世尚疑此書發冢而始有乎補正一書乃顧亭林炎武所輯其載朱氏說亦足見後儒之堅名汲冢者即先正於冢未發以前而直稱周書者也夫一書兩名或就其人之所見或沿其時之所習雖異亦無足怪而如戰國策注與原文互異

即指上田軫章左傳補正與原注互異均非考核之義合而登之恐諸君子號稱淵博而亦有考汲冢不詳之過也

山海經注西山經有鳥焉三首六尾而善笑名曰鵸鵌服之使人不厭注不厭夢也周書曰服者不眯王會解下並同今經作奇幹善芳善芳者頭若雄雞佩之令人不眯

北山經其獸多閭驝注閭即羭也似驢而歧蹏角如麢羊一名山驢周書曰北唐以閭亦見鄉射禮

海外西經白民之國乘黃注周書曰白民乘黃似狐背上有兩角即飛黃也今經狐作騏

海外北經有獸焉其名曰駮狀如白馬鋸牙食虎豹注周書曰義渠兹白兹白若白馬鋸牙食虎豹按此二語與爾雅同今經渠下有以字

海內南經梟陽國在北朐之西其爲人人面長脣黑身有毛反踵見人笑亦笑左手操管注周書曰州靡髴髴者人身反踵自笑笑則上唇掩其面今經作州靡費費其形人身反踵自笑笑則上唇翕其目食人

又狌狌知人名其爲獸如豕而人面注周書曰鄭郭狌狌者狀如黃狗而人面頭如雄雞食之不眯今經作生生若黃狗人面能言而頭如雄雞二句另是奇幹善芳之條恐注引有誤

海內北經有文馬縞身朱鬣目若黃金名曰吉量乘之壽千歲注周書曰犬戎文馬赤鬣白身目若黃金名曰吉黃之乘成王時獻之今經白作縞吉作古

又林氏國有珍獸大若虎五采畢具尾長於身名曰騶吾乘之日行千里注周書曰夾林酋耳酋耳若虎尾參於身食虎豹今經夾作央若虎作身若虎豹尾下

有長字

范甯穀梁傳注引周書曰大荒有禱無祀羅匡解今經祀作祭史記音義周本紀麋鹿在牧注徐廣曰此事出周書及隨巢子度邑解今經作夷羊在牧

按周本紀各家注引此書曰周書者尚多但以本書証本事與他書引稱周書不同故只採此條以見冢發已百年此書無異稱爲可據也又按徐廣史記音義一書不應自六朝之宋至唐便已難考考司馬貞作史記索隱其前序云遠至晉末有中散大夫徐廣作音義十三卷後序云宋中散大夫徐廣作音義一十卷以一人之筆援據一書且紛歧若此又奚怪於隋書與晉書集衆手而成以非汲冢者茲

名汲冢遂致混淆乎

大戴禮本命篇注引周書大命世小命身命訓解今經作大命世罰小命罰身虛據此注删二罰字

隋書牛宏傳周書作洛篇曰乃立太廟宗宮路寢明堂咸有四阿反坫重亢重廊孔晁注曰重亢累棟重廊累屋也今經立作位位下有五宮宗宮下有考宮

宇文愷傳周書明堂曰堂方百一十二尺高四尺階博六尺三寸室居內方百尺室內方六十尺戶高八尺博四尺作洛曰明堂太廟露寢咸有四阿重亢重廊孔氏注云重亢累棟重廊累屋也今經無明堂一段當是闕脫作洛二段語亦互異蓋係節引也

藝文類聚引周書曰有土不失其宜萬物不失其性人不失其事天不失其時以成萬材萬材已成牧以爲人天下利之而勿德是謂大仁大聚解

今經有土作有生無人不失其事句材作財萬材四句作萬財既成放此爲人

按原文有土句上有童牛不服童馬不馳二語今見文傳解

按援據各書有一時急切求善本而不得者姑就本篇所引數條標出以見大凡容俟後補藝文類聚及北堂書鈔初學記皆然

北堂書鈔引周書七制一曰征二曰攻三曰侵四曰伐五曰陣六曰戰七曰鬬善征不侵善侵不伐善伐不陣善陣不鬬善鬬不敗大武解　今經係六制無鬬一層征經作政古字通陣經作搏盧云北堂書鈔善征不侵句亦有脫漏

又引太子晉解胄士齊衆時作謂之伯今經齊作率

又引王會解樓煩黑旌皃羽旗也今經作樓煩以星旌星旌者珥旌

初學記引周書曰歡以敬之盡力而不固敬以安之官人解　今經作驩以盡力而不回敬以盡力而不口盧据大戴禮補改

又引周書曰文王在鄗召太子發曰吾括桂而茅茨爲人愛費文傳解今經解[illegible]文[illegible]人字[illegible]此增

又引王會解乘黃似狐背有肉角今經狐作騏肉作兩文馬目若黃金名古黃之乘今經目若上有赤鬣縞身四字卜盧以紈牛紈牛牛之小者也今經無二紈字盧據此增大夏兹白牛兹白牛野獸也牛形而象齒今經無下十一字盧亦据此增

詩疏周書稱文王在程作程寤程典今周書程寤闕據大開武解周公拜曰兹順天降寤于程程降因于商商今生葛葛佑有周孔晁注曰言天寤周以和商謀商朝生葛是祐助周也程寤解雖亡其義略見于此矣今經天字重佑作右

後漢書注竇皇后紀自是宮房㦎息注周書曰臨㦎以威而氣㦎懼也官人

解　按原注僃作攝當是傳寫之訛　班固傳恢然也下何注周書曰臨儛以威而慄慄者猶恐懼也語少異

祭遵傳因遵薨論敘衆功詳按謚法以禮成之注謚法周書之篇周公制焉

張衡傳帝系黃帝青陽昌意注周書曰乃命少皥清清即青陽也嘗麥解

郎顗傳則歲氣和王道興也注周書時訓曰春分之日元鳥至又五日靁乃發聲靁不發聲諸侯失人也今經人作民

袁紹傳百辟鉗口注周書曰賢哲鉗口小人鼓舌芮良夫解

馮衍傳揚六枳而爲籬兮注案周書小開曰嗚呼汝何敬非時何擇非德德枳維大人大人枳維公公枳維卿卿枳維大夫大夫枳維士登登

堂堂維在國枳維都都枳維邑邑枳維家家枳維欲無疆言上下相維

遞爲藩蔽也今經作大人枳維卿鈇公一層堂堂作皇皇此下經作若枳維國詞意極明注只維在二字當是訛脫　按後漢書注據經義考原作冏書呂刑今本竟作小開當是後人誤改耳

文選注魏都賦長世字甿者注周書成王曰朕不知字民之道敬問伯父本典解　今經作今朕不知明德所則政教所行字民之道禮樂所生非不念而知故問伯父

齊安陸昭王碑文振平惠以字小人句注同

甘泉賦流星旄以電爥兮注周書曰樓煩星旄者羽旄也王會解　今經作樓煩以星旄星旄者珥旄

魯靈光殿賦爾乃懸棟結阿注周書曰明堂咸有四阿作洛解

七啟陽馬承阿句注同

赭白馬賦 文駟列乎華廄注周書曰犬戎文馬赤鬣白身今經白作縞 闕王會之阜昌注周書王會曰成周之會並王會解 故祗慎于所常忽注周書芮良夫曰惟禍發于人之倏忽芮良夫解今經倏作攸 既剛且淑注周書曰師曠見太子太子曰詩云馬之剛矣轡之柔矣太子晉解

東京賦 嬴氏搏翼擇肉西邑注周書曰無爲虎傅翼將飛入邑擇人而食也寤敬解今經無爲字也字按賦中搏字疑傳寫之誤 致恭祀乎高祖注周書曰恭明祠尊明刑皇門解今經作人斯是助王恭明祀敷明刑

拜陵廟詩 周德恭明祀注周書曰各助王恭明祀語少異按此注各字必係訛誤

王元長曲水詩序 革宋受天保生萬國注周書武王曰膺受大命革殷受天明命按此數語原不見經文今從盧氏据此注以補克殷解說見本篇 又曰我聞古商先王成湯

保生商人商誓解今經作我聞古商先誓王成湯克辟上帝保生商民度邑靜鹿邱之歎注度邑篇曰維王克殷乃永歎曰嗚呼不淑充天之對自鹿至於邱中具明不寢周書邱或爲苑今經作永歎曰嗚呼不淑兊天之對遂命一日維顯畏弗忘王至于周自鹿至于邱中具明不寢侮食來王注古本作晦食周書曰東越侮食今經侮食作海食離身反踵之君注周書曰離身染齒之國以龍角神龜爲獻今經離身染齒作離邱漆齒按注係節錄奇幹善芳之賦紈牛露犬之玩乘黃茲白之駟注周書曰成王時貢奇幹善芳者頭若雄雞佩之令人不昧孔晁曰奇幹亦北狄善芳者鳥名不昧不忘也今經善芳字重注無不昧句周書曰卜盧國獻紈牛紈牛小牛也今經脫二紈字据此注增按原注紈作紈非又曰渠搜獻鼩犬鼩犬露犬也能飛食虎豹今經搜作叟鼩作鼩又曰白民乘黃乘黃者似狐其背有兩角今經狐作騏又曰西方正北曰

義渠獻茲白茲白者若馬鋸齒食虎豹今經無西方二字以上皆王會解　四方無拂

五戎不距注周書曰四方無拂奄有天下又曰五戎不距加用師旅柔武

解　今經奄作掩下二句作五者不距自生戎旅

高祖功臣頌　九服徘徊注周書曰乃辨九服之國職方解　薦譙元彥表

九服知化矣注引周書同　勸進表　九服崩離注周書曰周辨九服之

國方千里曰王圻其外曰侯服甸服男服采服衛服蠻服夷服鎮服藩

服今經有闕脫從盧氏据周禮補

封禪文　萬物熙熙懷而慕思注周書王子晉曰萬物熙熙非舜而誰太子

晉解　今經誰下有能字

讌曲水作詩　月氣參變注周書曰凡四時成歲各有孟仲季以名十有

二月月節中氣以著時應周月解　今經歲下有春夏秋冬一句中氣無月節二字

七發　蚑蟜螻蟻閭之柱喙而不能前注周書曰蚑行喙息周祝解　今經作蚑動噦息

然陽氣見于眉宇之間注周書曰民有五氣喜氣內蓄雖欲隱之陽氣必見官人解　今經五氣下有喜怒欲懼憂五字陽氣作陽喜

宣德皇后令　夫功在不賞注周書曰平州之臣功大弗賞諂臣日貴史記解

而九星仰止注周書王曰子不知九星之光周公曰九星星辰日月四時歲是謂九星九星九光按小開武解云維天九星惠定宇郎引此注爲証成開解天有九列句惠又云九列卽九星然語皆不類存以待參

三年策秀才文　極言無隱注周書曰愼問其故無隱乃情大匡解

九年策秀才文　下貧無兼辰之蓄注周書夏箴曰小人無兼年之畜妻

子非其妻子也文傳解今經畜作食食下作遇天飢妻子非其有也

為范尚書讓吏部封侯第一表三千景附八百不謀注周書湯放桀而歸于亳三千諸侯大會然後即天子之位殷祝解按選注蓋節錄

上秦始皇書駿馬駃騠不實外廄注周書曰正北以駃騠為獻王會解按此注亦節錄

與山巨源絕交書欲降心順俗則詭故不情注周書曰飾貌者不情官人解今經作不靜

光武紀贊深略緯文注周書曰經天緯地曰文謚法解

宋皇后哀策文大行皇后注周書曰謚者行之迹是以大行受大名細行受細名謚法解今經行之迹下尚有二語按選注似牽強

齊昭王碑文蓋同王子雒濱之歲注周書晉叔譽曰太子晉年十五而臣不能與言太子晉解

祭屈原文溫風怠時注周書小暑之日溫風至時訓解

史記正義謚法解惟周公旦太公望開嗣王業建功于牧野終將葬乃制謚遂敘謚法謚者行之迹號者功之表車服者位之章也是以大行受大名細行受細名行出於已名生於人謚法解今經建功以下頗有異同盧據此及王伯厚所引增改以前周書謚法周代君王並取作謚故全寫一篇以傳後學按全篇頗多訛誤盧据各本考正具詳本篇

修文御覽引周書美男破產美女破車武稱解今經產作老車作舌按此條見戰國策補注

太平御覽卷九周書時訓曰小暑之日溫風至立秋之日涼風至按此係彙引

卷十四周書曰清明後十日虹始見小雪曰虹藏不見虹不收藏婦不專時訓解今經無一收字按此係節引

卷十七周書曰凡四時成歲歲有春秋冬夏各有孟仲季以名十有二月中氣以著時應春三中氣雨水春分穀雨夏三中氣小滿夏至大暑秋三中氣處暑秋分霜降冬三中氣小雪冬至大寒閏無中氣斗指兩辰之間萬物春生夏長秋成冬藏天地之正四時之極不易之道周月解今經春三下有月字各句同秋〻成作秋收

卷十九周書時訓曰驚蟄二月節桃始華時訓云桃若不華是謂否塞又云倉庫災鶬鶊鳴時訓云若不鳴卽下不從上鷹化爲鳩時訓云若不化卽寇賊數起春分二月中元鳥至時訓云元鳥不至卽婦人不娠雷乃發

聲時訓云雷不發聲卽諸侯失民又云遠人不服始電時訓云電若不見卽人無威振今經與此頗多異同但此似別一書故不具詳

卷二十○周書時訓曰立春之日東風不解凍號令不行蟄蟲不振陰氣奸陽魚不上冰甲冑私藏雨水之日獺不祭魚國多盜賊鴻雁不來遠人不服草木不萌動果瓜不熟今經陰氣無氣字果瓜作果蓏按漢歷驚蟄在雨水前今從盧本互易故與此差異

卷二十二○周書時訓曰六月節溫風至溫風不至卽時無緩政蟋蟀居壁若不居壁卽恆急之暴又云門戶不通鷹乃學習若不學習卽寇戎不備按今本御覽又云門戶不通語另行正寫與鷹乃三句相連誤茲據上卷十九訂正○卷九百四十九周書時訓曰小暑之日溫風至又五日蟋蟀居壁

按御覽引周書往往因數部而複見如時訓既以時令又以物類是也今按卷編排恐複見則病其遝冗故摘其語句同事類同及篇名同可相比台者細書附之以便省覽仍標明卷數使稽考亦易然取証重在周書故各條周書曰必仍之下倣此

又曰六月中氣後五日腐草化爲螢若不化螢卽穀實鮮落土潤溽暑
若不溽暑卽急應之罰大雨時行若不時行卽恩不及下
又曰夏取棗杏之火　又（卷九百五十八）周書曰季夏取桑柘之火
按此語乃馬季長所引月令之文而御覽稱周書且隸時訓之下豈
時訓月令本一書而兩名耶抑時訓有與月令符合者耶
（卷二十三）周書時訓曰立夏之日螻蟈不鳴水潦淫漫蚯蚓不出臣奪后命
王瓜不生害于百姓小滿之日苦菜不秀仁人潛伏靡草未死國從盜
賊小暑不至是謂陰匿（今經臣奪后命作嬖奪后害作困仁作賢從作縱匿作慝○卷九百二十三周書曰芒種之日）
又五日反舌無聲反舌有聲佞人在側周書時訓曰芒種之日螳螂生
又五日鵙始鳴鵙不鳴令姦壅逼　九百四十六周書時訓曰芒種之日
螳螂生不生是謂陰息　九百九十七周書曰立
夏之日螻蟈鳴又五日蚯蚓出又五日王瓜生

卷二十五周書時訓曰立秋之日涼風至又五日白露降又五日寒蟬鳴涼
風不至國無嚴政白露不降民多咳病寒蟬不鳴人臣力爭白露之日
鴻雁來又五日元鳥歸又五日群鳥養羞鴻雁不來遠人背畔元鳥不
歸室家離散群鳥不羞臣下驕慢秋分之日雷始收聲又五日蟄蟲附
戶又五日水始涸雷不收諸侯淫泆蟄蟲不附戶民靡有賴水不始涸
介蟲爲害今經嚴政句無國字咳病作邪病人臣作人皆附作培蟲作蟲介作甲不羞不收並御覽誤○卷七百四十三周書曰立秋之日白露不降民多病欬
卷數仝上周書時訓曰秋分八月中雷乃收聲不收聲卽人民不安又云諸侯驕逸
薄於上蟄蟲坯戶不坯戶卽邊方不寧又云人靡有賴水始涸水不涸卽人多疾
病卷九百九十六周書曰寒露之日鴻雁來賓又五日菊有黃花無花土不稼穡

卷二十七 周書時訓曰小寒十二月節鴈北鄉鴈不北鄉卽臣不懷忠鵲始巢鵲不巢卽邊方不寧又云一國不寧 野雞始雊野雞不雊卽國乃大水又云不雊來年雷乃收聲

又曰大寒十二月中雞始乳雞不乳卽婬婦亂男鷙鳥厲疾鳥不厲疾卽國不除姦水澤腹堅不腹堅卽言無所從

卷二十八 周書時訓曰立冬十月節水始冰水若不冰卽陰之有負地始凍地若不凍卽災咎之徵野雞化蜃若不爲蜃卽時多婬婦

卷數仝上 周書時訓曰大雪之日鶡鳥猶鳴者國有訛言虎不交將帥不和荔挺不出卿士專權冬至之日蚯蚓不結君政不行麋角不解兵不藏水泉不動陰不承陽今經大雪段有鈌脫盧據此補但今本御覽猶爲下有者字帥作師兵下無甲字皆恐抄寫有誤

卷九百二十一周書時訓曰大雪之日鶡鴠不鳴鶡鴠猶鳴國多訛言

卷三十周書時訓曰清明之日桐不華歲有大寒田鼠不化國多貪殘虹不見婦人亂色戴勝不降桑政教不平今經不化下有駕字亂色作苞亂平作中按戴勝二句是穀雨節候御覽連引恐有誤古歷穀雨亦在清明前今經已移易故亦與此稍異○卷四百九十二周書曰清明之日田鼠化為鴽不化國貪殘九百二十四周書時訓曰清明之日又五日田鼠化為鴽鼠不化國多貪殘第一千周書曰穀雨一日萍始生萍不生陰氣憤盈

卷三十四周書時訓曰小寒之日鴈不北鄉民不懷主鵲不始巢國家不寧雉不始雊國乃大水大寒之日雞不乳淫女亂男鷙鳥不厲國不除兵水澤不堅言乃不從今經國家無家字國乃無乃字不乳有始字不堅有腹字○卷九百十八周書曰大寒之日雞始乳九百二十一周書曰小寒之日鵲始巢

按御覽引時訓既分春夏秋冬又分四立二分二至故前後不免顛

倒茲惟循卷數之次第而錄之不拘本篇時令之先後也此專指御覽歲時部言之若因各物而複引者隨文附見前己表明又二月節二月中六月節六月中十二月節十二月中十月節數段惠氏棟謂是古本然以逸周書較之古本當係何本竊思驚蟄二月節一段上既有時訓曰下有時訓云明似二書參諸目錄中周書時訓凡兩條在今本一見第一策一見第十七策其爲二書益明然雖二書諒祇二篇觀每引時訓必冠以周書斷未有一篇不在周書中之理但不識果即月令别名與否如果月令之别名其語十同八九後人不以爲意遂覶若重出然者則月令之亡闕或由此歟或問御覽引此不全得毋周書本不全耶曰御覽蓋參禮記月令及蔡邕月令章句互爲援引故有所弗及非周書僅存此數條也

卷三十五○○周書曰天有四殃水旱飢荒其至無時非積畜何以備之夏歸藏曰士無兼年之食遇天飢妻子非其妻子也大夫無兼年之食遇天飢輿馬臣妾非其有也國無兼年之食遇天飢百姓非所有也戒之哉文傳解今經非積畜作非務積聚夏歸藏作夏箴無國無兼年二句卷五百八十八周書曰夏箴曰小人無兼年之食一段多卿一層與此大夫二句分爲四句

卷三十七○○周書作雒曰周公建大社於國中其壝東青土南赤土西白土北驪土中央以黃土將建諸侯鑿其方一面土苴以白茅以土封之故曰裂土今經國中作周中据此改中央下有豐字鑿下有取字一面土下有苞以黃土一句土封之作爲土封故曰裂土作故曰受則土於周室今改則爲列○卷五百三十二周書曰諸侯受命于周一段字句皆有異同中央作中霤裂土作列土

卷八十三○○周書曰商王紂取天知玉玉五班環身以自焚世俘解次玉字今本恭避廟諱

五班環今經作璲○卷七百十八周書曰武王馳紂商師大崩帝辛登稟臺取天知玉珥及庶玉衣身以自焚庶玉則銷天知珥在火中不銷按此蓋合克殷世俘二篇節引今克殷稟作廩古字通世俘無珥及庶玉字○卷百四十六周書曰文王受命九年時維暮春在鄗召太子發曰嗚呼吾語汝所保所守守之哉厚德廣惠忠信志愛人君之行不爲驕侈不爲太靡不淫於美括柱茅茨爲民愛費文傳解　今經無召字志愛作愛人人君作君子爲民無民字据此增改○卷百八十七周書曰文王在鄗召太子發曰吾栝柱而茅茨爲民愛費也較上多而字也字栝字亦不同　三百八十三周書曰文王在鄗召太子發曰嗚呼吾身老矣吾語汝至爲民愛費也一段語句多有不同內驕侈作驕役必係誤寫　四百十九周書曰文王在鄗召太子發曰吾語汝童牛不服童馬不馳是謂大仁今經作童不夭胎馬不馳騺○　四百三十一周書曰栝柱茅茨云云亦異數字○卷百五十七周書曰郊甸方六百里因四土爲方千里分以百縣縣有四郡郡有鄙鄙不過百室以便野事作洛解　今經郊甸上有制字因四作國西郡有鄙句有闕字句下有大縣小

縣二語鄙不過句首有鄙字○

卷百五十八周書曰周公將致政乃作大邑于洛北因郎山以爲天下之湊也仝上今經于洛作于土中句下有城方郛方南繫三語郎作郟湊也作大湊

卷百六十二周書曰黃帝殺蚩尤於中冀名曰絕轡之野嘗麥解今經殺蚩尤作執蚩尤殺之句下有以甲兵釋怨三語按末句有亦其地三字係引証口氣故刪

卷百八十四周書作雒曰凡五宮堂咸有深閣今經無深閣字○卷百八十五周書作雒曰凡五宮明堂咸有重廊按此二條均係節引○

卷百九十二周書曰周公作成周于土中立城方千六百二十丈郛方七十二里南繫洛水北因陝山爲天下之大制也作洛解按此與上百五十八均係節引制疑此誤

卷百九十九周書能移於衆與百姓同謂之公此條疑脫曰字太子晉解今經能移上有伯字

周書曰能樹名生物與天道俱謂之侯（今經能上有公字無生字物與倒據此增改）

周書曰率衆時作謂之伯（並仝上　今經率衆上有胄子字）

卷二百三十五　周書曰維正月王在成周昧爽召三公右史戎夫曰今夕朕寤遂事其驚余乃取遂事之要戒俾戎夫主之朔望以聞也（史記解　今經右作左主作言無其字也字）

卷三百七十二　周書曰晉平公使師曠見太子晉曰吾聞王子之語高於泰山夜寢不寐晝居不安不遠道而求一言王子曰吾聞太師將來吾心甚喜旣以見君子喜而又懼吾甚年少見子而懾盡忘吾度師曠束躅其足曰善哉善哉王子曰太師何舉足驟師曠曰天寒足跔是以數也王子曰請入座遂席茲琴師曠歌無射（太子晉解　按此係節引束躅經作東躅疑經誤遂席弦琴疑此誤）

○卷三百八十五周書曰晉平公使叔譽云云作五稱而五窮　三百八十八周書曰吾聞汝知人年壽一段作汝色赤白聲清火色不壽恐有訛誤　四百六十七引周書吾心甚喜一段作盡忘五度五字誤按御覽此處連引周書上段已言周書曰故此段作又曰　五百七十六周書曰師曠蹴踊其足至汪琴於王子一段束踊又作蹴踊跔亦作踊𦫳字可通用也遂席弦琴作遂敷席汪瑟足見卷三百七十二所引爲誤　七百二十九周書曰師曠見太子晉曰汝聲清浮汝色赤火色不壽至告死者至一段　七百三十一周書曰師曠見太子晉曰汝聲清浮汝亦色火主不壽至告死者至一段按經語係汝聲清汗汝色赤白○火○色不壽已有訛誤御覽此二段所引又互有錯誤

卷三百九十七周書曰文王去商在程正月旣生魄太姒夢見商之庭產棘小子發取周庭之梓樹乎闕間梓化爲松柏棫柞寤驚以告文王王及太子發並拜告夢受商之大命于皇天上帝　程寤解闕文　按告夢疑吉夢訛後卷五百三十三引此亦作告夢別見撫訂上○卷九百五十三周書曰太姒夢周梓化爲松九百五十八周書曰太姒夢梓化爲杞周書曰太姒夢太子發取周庭之梓樹於商闕間化爲松杞按藝文類聚諸書引此皆無化杞之文疑御覽此卷所引誤　九百五十九周書曰太姒夢見商之庭產棘

卷四百六十七○○周書曰人有五氣喜氣內畜雖欲隱之陽喜必見喜色油然以出官人解　今經油作猶　按此亦節引

卷五百二十九○周書曰四月孟夏王初祈禱于宗乃嘗麥于廟嘗麥解　今經宗下有廟字廟作太祖○卷八百三十八周書曰四月孟夏云云宗作佁宗

卷五百三十二周書作雒曰設兆于南郊以祀上帝配以后稷農星先王皆與食今經農星作日月星辰

卷五百三十三周書明堂曰明堂方百一十二尺高四尺階廣六尺三寸室居中方百尺室中方六十尺東應門南庫門西皋門北雉門東方曰青陽南方曰明堂西方曰揔章北方曰元堂中央曰太廟以左爲左个右爲右个也按經明堂解無此段盧氏据以爲補

卷六百四十六○○周書曰武王使尚父以大卒馳商師大敗商辛乃內登于鹿臺之上自燔王崩于火武王先入乃射三發而後下車擊之以輕呂斬之以黃鉞懸諸大白旗乃適二女之所射之三發擊之以輕呂斬之以元鉞懸諸小白旗克殷解　按此係節引今經懸諸大白句上有折字無兩旗字○卷六百八十周書曰武王陳牧野旣誓以馳商師大崩商辛自燔于火王斬之以黃鉞懸諸大白○按此亦係節引今經無誓字崩作敗

卷六百九十二周書曰武王俘商得舊寶玉萬四千佩玉億有八萬石世俘解今經作凡武王俘商舊玉億有百萬按此石字誤衍○卷八百四周書曰武王俘商舊寶玉萬四千佩玉億有八萬較上條無得字石字

卷七百九十一○○周書王會曰卜人丹沙注云西南之蠻丹沙所出按沙即砂御覽注末尚有按卜人蓋今之濮人也語係引據者口氣故不錄

卷八百七○○周書王會曰伊尹謂湯曰請以瑇瑁爲獻按此係節引

卷八百三十五　周書曰武王尅商發鹿臺之錢散鉅橋之粟克殷解今經作乃命南宮忽振鹿臺之財巨橋之粟按武王尅商句係溯原本篇上文

按此二語與武成尤相似但武成係後出古文不如此書爲確嘗考御覽引百篇中周書亦祇稱周書如卷六百八十引牧誓左仗黃鉞二語方以周書曰繼引陳牧野旣誓數語又以周書曰連稱同名使非其語可據奚敢遽指爲此書於此悟御覽中周書之稱宜慎審也

卷八百七十三　周書曰成王時竒幹獻茅其頭若雄雉佩之不昧王會解今經獻茅作善芳有重文雉是雞佩之下有令人字

卷八百九十八　周書王會曰卜盧紈牛紈牛者牛之小者大夏茲白牛數楚每牛牛之小者也注大夏西北戎數楚北戎茲白牛野獸形似白牛今經無兩

紈字據初學記增且作紈　按此正文
及注均係彙引今注無形似白牛語
卷九百二○周書曰夏桀德衰夷羊在牧飛蛤滿野注史記又云飛鴻滿野度邑
解　今經上文是天不享于殷非謂夏
桀也此誤滿野作過野當是遍野訛
卷九百四○周書曰渠叟犬者露犬也能飛食虎豹王會解　今經作渠叟以鼩犬鼩字重
卷九百八○周書王會曰成王時不屠何國獻青熊一　今經只不屠何青熊五字
卷數同上○周書曰正北空桐橐駞騊駼爲獻王會解　今經桐作同按此條節引
卷九百十六○周書王會曰成王時氐羌獻鸞鳥　今經無成王時三字獻作以
卷九百十七○周書曰白露之日鴻雁來鴻雁不來遠人背畔小寒之日雁北
鄉雁不北鄉民不懷至時訓解　今經至作主疑此誤按御覽引時訓專條已附於上此下數條皆兼數節故特錄之
卷數同上○周書曰立冬之日水始冰後五日雉入大水爲蜃小寒後十日

雉始雊仝上按後五日亦當作後十日

卷九百十八○周書曰成王時蜀人獻文翰者若皇雞王會解今經無成王時字獻作以文翰有重文皇雞作皐雞當是此誤按御覽并引其注今不錄

卷九百二十四○周書曰成王時西方獻孔雀仝上今經作方人以孔鳥御覽有注不錄

卷數同上○周書曰成王時蒼梧獻翡翠仝上今經蒼梧作倉吾句下有翡翠者所以取羽語

卷九百二十六○周書曰驚蟄之日鷹變爲鳩小暑之日鷹乃學習處暑之日鷹乃祭鳥時訓解按此係彙引

卷九百二十七○周書曰成王時巴人獻比翼鳥王會解今經無上三字獻作以

卷九百三十二○周書曰成王時長沙獻鼈仝上今經只長沙鼈三字

卷九百四十一○周書曰成王時具區獻蜃注鄭元注曰蜃大蛤也仝上今經有且甌文蜃

語注云且甌在越文蠡大蛤也與此不同

卷九百四十四○○周書曰夏至又五日蜩始鳴不鳴貴臣放逸立秋之日寒蜩鳴不鳴人臣不力爭時訓解　今經蜩皆是蟬末句作人皆力爭疑此誤按此係彙引

卷九百九十六○○周書曰成王時會稽人獻以蒈注會或作禽亦東南蠻蒈草堅韌王會解　今經惟禽人菅三字注無會或作禽語勒作忍按獻以二字並舉非是會或作禽疑脫一稽字忍勒古字通

按太平御覽引稱周書者數百條去其末敢遽信爲此書而確然可據者尚近百條楊升菴謂宋初始有汲冢周書之目似咎汲冢之稱倡於太平御覽噫一語幾乎抹倒御覽全書矣如時訓如作雒如王會且舉其篇名而冠以周書然則書目中汲冢周書之稱未可泥也

爾雅疏釋獸狒狒注梟羊也山海經曰其狀如人而長脣黑身有毛見人

則笑交廣及南康郡中亦有此物大者長丈許俗謂之曰山都疏云山海經謂之梟羊又謂之贛周書王會解謂之吐嘍今經作州靡費費其形人身反踵自笑笑則上脣掩其目食人北方謂之吐嘍

困學記聞引周書俾嗣在王家皇門解今經王作厥又引周書謚法惟三月既生魄周公旦太師望相嗣王發既賦憲受臚于牧之野將葬乃制作謚今經無惟三月既生魄既賦憲二語相嗣王發作開嗣王業受臚作建功具詳本篇

康熙字典犬部狒爾雅疏山海經謂之梟羊又謂之贛周書王會解謂之吐嘍

尚書古文疏證卷五下太史公引稱逸夏書外有商鞅傳蔡澤傳第稱書曰意皆在全書百篇中其標名曰周書者楚世家欲起無先蘇秦傳緜

緜不絶蔓蔓奈何毫釐不伐將用斧柯蒙恬傳必參而伍之主父偃傳
安危在出令存亡在所用貨殖傳農不出則乏其食工不出則乏其事
商不出則三寶絶虞不出則財匱少以周書七十篇按之緜緜不絶四
語和寤解也存亡在所用二語王佩解也意欲起無先與農不出等語
亦出七十篇内但今已亡缺十有一篇不復可考見云
箋曰漢志書凡九家此書與尚書同部蓋尊之也至隋唐則列之於史
矣然尚書實史書之祖且東漢時史書皆史記外未有稱史者故在漢
志稱書不啻其稱史迨後世尊尚書爲經以此書爲史雖似抑之實猶
未甚相戾自宋以來諸儒咸辨其駁諸汲冢之非而轉未識其爲經爲
史位置何等雖陳氏書録解題及宋史以此入經部書類然猶狃於汲

冢之號不如我　朝朱竹垞經義考尚書後卽列此曰周書古籍之流傳先哲之義例尚彷彿見之（王氏玉海以周書周史記併列合漢志馬氏通考入雜史合隋唐志至明始稱別史）箋又曰　國朝諸儒引此曰周書曰逸周書者頗多亦間有名汲冢周書者蓋　四庫未修以前此書無定號也考宋初李昉修太平御覽旣標之以汲冢周書矣而邢昺疏爾雅爲時不甚先後於此仍曰周書且與郭氏爾雅注稱逸周書亦不合可見逸與不逸初無關於要領故棲霞郝氏（懿行）所輯山海經箋疏以郭注原稱周書遂亦稱周書卽定號之後尚可溯原漢志如此今此下三門各舉　本朝數條以備考而徵採未周自慚謭陋識者鑒諸（謹按欽定禮記義疏凡例中亦有周書時訓之稱是周書逸周書原可通融）

逸周書証

說文解字𣡽衆盛也逸周書曰疑沮事闕文酌解今經作聚疑沮事按闕宜作方闕古人句中闕字多移於句末但經並無闕文說文旣因𣡽字引証何以句中無𣡽字若謂𣡽卽聚而闕今經聚字却不闕吾恐說文乃後人傳寫之訛

俒完也逸周書曰朕實不明以俒伯父大戒解今經無下句本典解有故問伯父語亦不相類徐氏按逸周書在三百篇之外也按三字似衍

翰逸周書文翰若翬雉一名鷐風周成王時蜀人獻之王會解今經翬雉作皐雞

博雅貔豕屬說文豕之逸也逸周書周祝解貔有爪而不敢以撅前漢揚雄傳注豪豬一名貔自爲牝牡者也據正字通所辨則豕逸句恐亦後人誤爲竄入

按博雅卽廣雅魏張揖撰隋曹憲爲之音釋因避煬帝諱改廣曰博張揖撰書時在漢後晉先仍稱此書曰逸周書則說者謂漢後隱晦發冢復顯亦未足爲據

爾雅注釋鳥 鶾天雞注鶾雞赤羽逸周書曰文鶾若彩雞成王時蜀人獻之王會解 今經鶾作翰彩作皐

唐韻 桴逸周書王會解康民以桴苡桴苡即所謂芣苡也其實似李食之宜子 按唐人引周書未有稱逸者孫愐唐韻原本在宋已佚今引此曰逸周書似有可疑

何楷詩經世本古義 樛木篇引逸周書程典解文王合六州之侯奉勤于商

康熙字典八部 侊逸周書朕實不明以侊伯父大戒解 謹按字典蓋本說文而說文乃節錄經語今經語無侊字或流傳既久而誤也

氵部 滄逸周書天地之間有滄熱用其道者終無竭周祝解 今經作善用道者終不竭

口部 呂逸周書擊之以輕呂克殷解

手部 揀與柬同逸周書比黨不揀鄭保解

内部 𠕋音費亦作狒 正字通今本爾雅作狒狒逸周書前漢書作費費俗呼山都王會解

缶部 罄逸周書師曠罄然注自嚴整也太子晉解

虫部 螅與蟋同逸周書小暑之日又五日蟋蟀居壁時訓解

豕部 豲傳雅豕屬逸周書周祝解豲有爪而不敢以撅按說文引此曰周書傳雅則言逸周書或亦後人沿徐氏逸也一語而改稱耳

鳥部 鶾逸周書文鶾若彩雞成王時蜀人獻之王會解　按鶾翰雖一字而玉篇曰今爲翰則見先本爲鶾矣今經宜作鶾說文作翰恐有誤又按鸐雉彩雞爾雅說文不同　字典蓋從爾雅注

黽部 鼅即鼅也逸周書王會解會稽以鼅

謹按字典一部丁字引逸書謚法述義不克曰丁其語見於此書謚法解是逸周書亦可稱逸書與呂氏春秋允哉允哉註曰逸書正同

顧炎武日知錄逸周書王會篇堂下之左商公夏公立焉（今經商是殷）

胡本淵子史輯要逸周書夷用藺米注夷東北夷米生火中色黑而光其堅若鐵（按此即王會解之夷用闟木其注米生火中亦係木生水中不知胡氏所據何本）

正字通王會篇卜人以丹砂夷用闟木注木生水中黑色而光堅若鐵即今烏木（按正字通引此書王會解而却不名其書今附於此以証胡氏所引之誤）

箋曰周書而冠以逸說文最先其次則爾雅注但說文所引逸周書有不見篇中者（如士分民之秝均分以秝之也二語）有與篇中小異者（如朕實不明侊伯父二語）以未若爾雅注所引之語與相符同爲可據然文翰一句皆稱逸周書則二書均足爲考訂之助矣特是漢志無逸字隋唐志又言汲冢未言逸其稱

逸者祇見於諸書之所引則將謂各史之志爲可據乎謂諸書所引爲可據乎吾嘗慨晉書不志藝文南北史亦不志藝文謂當時苟有定稱何至今日紛如聚訟然唐初收拾遺亡大抵人自爲書不相校勘以隋志之所謂文能必晉書南北史而志藝文之果確乎志之徒滋轇轕不如不志可省一壘塊也因是思汲冢未發以前漢志不言逸而諸儒毅然逸之其必有所見固也發冢之後隋唐志已曰汲冢矣而如顏師古注漢書徐鍇金傳說文毅然仍逸之且屢稱不一稱以明此爲尚書之餘二子豈不知有汲冢者而概不置喙其必有所據更明矣是則逸之爲號正賴有羣書稱引爲足據而尤勝於隋唐各史也

汲冢周書証

太平御覽卷九百三十二汲冢周書王會曰會稽以鼉注其皮可以冠鼓今本注冠鼓是爲鼓

按此條與長沙獻鼈均係卷九百三十二而彼稱周書此稱汲冢周書不應一卷中乖異若此予嘗謂御覽一書必集衆手以成之者故各人就所見而稱之今觀其引王會各條或直錄經句或必曰成王時獻祇似[illegible]所記憶而書之未嘗檢閱本經是亦同纂諸人之疏也

卷九百四十一汲冢周書王會曰共元貝注共人吳越之蠻元貝昭貝也注昭貝作照貝今定爲班貽貝按今本御覽貝是貝必係訛誤

卷九百四十二汲冢周書王會曰東越海蛤按御覽亦引其注以語同不錄

汲冢周書王會曰成王時海陽獻蟹今經無成王時字誤作大按御覽不引其注

卷九百六十一汲冢周書王會曰白洲北閭者其華若羽伐其木以爲車終行不敗注白洲東南蠻與白民接也水中可居曰洲洲中出此珍木今經白洲作白州北閭亦或作比閭注無水中可居二語據此增

卷九百六十二汲冢周書王會曰成王時路人獻大竹今經惟路人大竹四字按御覽不引其注

卷九百八十五汲冢周書王會曰成王時濮人獻丹沙注濮人西南州之蠻丹沙所出今經作卜人以丹沙注無州字此誤衍

按卜人獻丹沙一條已引於卷七百九十一彼曰周書此忽云汲冢周書一事而互異較之一卷殊稱尤不可解然猶曰非汲冢者無妨於汲冢亦如許氏說文之忽逸忽不逸郭氏之注爾雅而逸註山海經不逸耳予初讀太平御覽書目稱周書時訓者二稱汲冢周書者

一方謂時訓隸何周書汲冢又何周書豈時訓别一書乎其不可解

一也千卷中稱汲冢者九事卷二懿王元年天再旦于鄭曰汲冢紀

年書此外曰紀年曰書紀年曰竹書紀年皆不汲冢卷四允甲居於河西天有妖孽十日並

出曰汲冢書此係瑣語中語此外亦不汲冢而汲冢周書王會凡七事夫以紀年穆

天子傳瑣語確係汲冢所得然全書中惟紀年一及之餘皆不詳是

眞汲冢且不汲冢矣其不可解二也此書果汲冢則何篇不可以汲

冢而何以王會外無一篇似他篇皆不得爲此稱然者其不可解三

也謂是稱謂雜揉同纂者不加考索然書成李昉無不細爲披勘之

理不則書目亦無不手自審定之理何以周書時訓儼然與汲冢周

書並列其不可解四也予爲之三思此書在唐原有二本意必一本

差善延及宋初或是五十九篇者尚存彼一本僅存王會數篇諸儒遂以五十九篇者爲非汲冢而僅存王會數篇者爲汲冢大約數篇中無他典故可錄惟王會有可採且書成衆手所據之本各别是以汲冢不及他篇即王會亦或不汲冢也今觀王會所引注語每與今本異如白洲北間一條確勝今本亦足見其爲唐人所稱古本較善之一本也

沈括筆談引汲冢周書冋阿反坫注外向室也作洛解今經冋作四

詩經世本古義引汲冢周書序文王立西距昆夷北備玁狁謀武以昭威懷○○○○□

又汲冢周書度殷解有云王憩殷告叔旦曰唯天不享于殷發之未生至于今六十年今經作度邑按此條節引

王志長周禮注疏刪翼 愿按汲冢周書王會解所陳似侈大其說然成周服遠亦於此可見蠻閩夷貉之隸蓋指此也詳見貉隸官

康熙字典女部 妹汲冢周書姑妹珍注姑妹國後屬越王會解

干部 幹汲冢周書奇幹善芳仝上

手部 撅與掘同汲冢周書狐有牙而不敢以噬獂有蚤而不敢以撅周祝解

撚從也汲冢周書後動撚之大武解

止部 正謚法汲冢周書內外賓服曰正

武汲冢周書剛強直理曰武威強叡德曰武克定禍亂曰武刑民克服曰武夸志多窮曰武謚法解

歹部 殤汲冢周書短折不成曰殤未家短折曰殤仝上

水部 湊汲冢周書周公將致政乃作大邑成周于土中以爲天下之大

湊作洛解

【牛部】犁 汲冢周書𡠩犁注北狄之別名王會解

【犬部】狗 汲冢周書正西昆侖狗國仝上

【玉部】璲 汲冢周書商王紂取天智玉琰璲身厚以自焚注璲璦以自厚也世俘解

【瓦部】甄 汲冢周書醜心動眾曰甄諡法解經作魏心動懼字誤

【疒部】瘱 汲冢周書樹惠不瘱注瘱順也文酌解

【生部】首 生與甡同汲冢周書郭都生生王會解

【白部】首 叉猛獸名汲冢周書義渠以茲白注茲白一名駮能食虎豹按今經茲白一名駮是注語能食虎豹是正文當別有一本

臯 禽名汲冢周書文翰者若臯雞

皿部 盆汲冢周書堂後東北爲赤帘焉浴盆在其中並仝上

目部 瞞汲冢周書淺薄閒瞞其行乃獲寶典解經行作謀 瞑汲冢周書師曠曰請使瞑臣往與之言太子晉解

矢部 矩亦戎名汲冢周書規矩以麟王會解

色部 首汲冢周書喜色油然以出怒色厲然以侮欲色嫗然以偷懼色薄然以下官人解經厲作薦誤今遵此改

艸部 菉通錄汲冢周書堂爲天子菉幣焉王會解

見部 觀汲冢周書師曠歌無射曰國誠寧矣遠人來觀修義經矣好樂無荒太子晉解

角部 ⿰角象音義未詳見汲冢周書器服解

言部 課汲冢周書程課物徵大匡解 謚汲冢周書維周公旦太公望開嗣王業攻于牧野之中終葬乃制謚敘法大行受大名細行受細名行出于已名生于人謚法解

雨部 露汲冢周書渠叟以䶂犬䶂犬者露犬也能飛食虎豹王會解

隹部 難汲冢周書旁隊外權隳城湮溪老弱單處其謀乃難大明武解

倪璠庾子山集注哀江南賦遂無言於師曠注汲冢周書云王子曰吾後三年將上賓于帝所汝慎無言太子晉解按倪氏於本賦壬子濱洛之歲句曾引此書此篇曰竹書紀年一書而前後異稱不合

擬連珠截飛虎之翼注汲冢周書無虎傅翼將飛入宮擇人而食寤敬解

箋曰周滕王逌作庾子山集序云曾壁魏墳縹帙緗囊之句是汲冢書

一出即爲當世重矣然未敢執其語而謂周書必在其中也在唐則汲冢書自汲冢書周書自周書兩不相涉在宋則或謂汲冢亦有此書或謂此書不當名汲冢遂成疑案有明諸儒之說與宋頗類惟楊升菴辨論雖似詳覈而於此書之源流分合究屬耳食之談非有心得之見如以七十五篇與七十一篇相較而云止鈌四篇似是以紀年等爲汲冢周書而論太平御覽之稱汲冢周書又似是汲冢各書皆亡始以此書爲汲冢周書其說皆非確據自是以來類皆以必稱逸而始重稱汲冢遂不足爲重矣吾竊審夫同此一語而此逸彼汲冢同此一人引此書而前逸後汲冢何爲游移若是蓋緣訛脫頗甚疏釋者少諸儒之援述隨手記註不加考索亦猶左氏引書今在大禹謨者以爲夏書今在洪範者以爲商書名雖小異而義實可徵是則勿問其爲逸爲汲冢而据文證義無容意

存軒輊也綴片言於殘缺必使言無異塗然後爲信固亦群籍之所病況其初甚紛淆遽難是正者乎

箋又曰汲冢周書初未嘗無此書束皙傳云又雜書十九篇周食田法周書論楚事是眞汲冢周書也如史記司馬相如傳注郭璞曰汲冢周書桀伐岷山得女二人曰琬曰琰桀斲其名於苕華之上苕是琬華是炎也（按此注古本作汲冢竹書原不誤不知何時訛爲汲冢周書今姑從坊本）酈忠允引汲冢周書曰殷內史摯見紂之愈亂迷惑也於是載其圖法歸之周其語均不見於此書是自晉至今原別有一汲冢周書也竊謂其始則周書爲一書汲冢周書又一書後人不以汲冢非汲冢爲輕重誤移汲冢周書之汲冢強冠於本非汲冢之周書由是二書遂相混淆又不以非汲冢與汲冢爲原

委甚至將汲冢所有之周書概屬於汲冢之紀年瑣語（如桀伐岷山一段本同紀年而以爲汲冢周書將寘而大數及王子于治本係瑣語中語亦以爲汲冢周書）於是汲郡古文汲冢周書古文周書（文選思元賦注有此稱）不勝雜揉而此書且與冢中各書相混淆矣今爲之别類分門抽端竟緒庶幾名予正則宏我漢京

箋又曰擄類徵詞稽名屬類由不逸而逸由逸而汲冢且於汲冢既發之後非惟不稱汲冢仍不稱逸又或於盛稱汲冢之時反而稱逸更反而不稱逸俱各燦若列眉明如指掌夫亦讀是書之一助也（洛見聞固陋藏書又少各家借閱如州牧王翰屏（名朝幹子借書皆從吉嗣蕙滋手）今州牧湯曾生先生（名嗣曾予借書皆係養痾泲上時）運河司馬莫商山（夢齡）泉河別駕嚴午橋（埋）錢文園（焯）及州人士陳君（鈞）李君（鴻來）孫君（式翰）靳君（基倫）等皆有肆

於考訂者至搜討援據惟季弟一人是賴洛於公暇手自謄繕孰先孰後曷取曷舍蓋不厭三四而七八焉然而採摭未富遺漏尚多尤望後之君子剷其瑕纇其隙庶幾珍珠船蕩來座右雲錦裳織自毫端洛亦何恤於膏肓之鍼墨守之發癈疾之起而謂此將毋同

箋又曰隋唐志未嘗於汲冢周書外別標一周書可見其時雖有二本却不因之而爲兩名太平御覽書目中有周書有汲冢周書隱然以爲一由發冢一非由發冢矣當二本並存時雖莫辨其孰爲汲冢孰非汲冢然名有可分屬尚不致專稱之誤故如御覽之所引似是以四十五篇中僅存數篇者爲汲冢而以五十九篇者爲非汲冢未幾僅存之數篇亦復亡失無論爲漢志爲汲冢祇一五十九篇之書故李仁父辯其

非汲冢者此本而陳振孫晁公武謂是發冢始得者亦此本此汲冢稱名之所由淆亂也頋吾獨怪夫逸較汲冢毫不混淆何以御覽全書中無一逸周書之號降及元明史册無復名此書者縱諸儒尊之而逸之究不足爲此書重我　朝著曰逸周書而此書應有之稱於是乎全吾作疏証本此意釐分子目庶幾此書足並舊六爲七垂之無窮矣乎

提要　考原　辨誣　論體裁　論義旨

考原

式觀元始惟所論百篇之餘一語昭茲來許則此書在孔子未删尚書之前或以爲戰國處士所綴輯則又似在尚書既定之後要之上下數百年大小數百事作者必非一手成之必非一時如文武成王晉平公之已舉其謚衛叔唐叔荀叔之各從其封太子晉殷祝二解義例亦頗混淆是必事後追述彼此相資故有瑜不掩瑕之迹然其事無一在春秋後其書又屢爲左氏所引究以屬孔子未删尚書之前爲是尚書璇璣鈐云孔子得黃帝元孫帝魁之書三千餘篇墨子又言有百國春秋此書蓋亦此類也書名既題曰周自係周京名碩於國史外私相蒐錄者顧說者謂列國中

專記師曠見太子晉一事恐係晉之士大夫所爲余思晉乘紀年皆用夏正此書在庚寅辛卯以前爲商正其後卽屬周正武王以庚寅年子月與師丑月克殷迨既改正朔庚寅之子月卽辛卯之一月以是知非晉人所纂也

列國皆有書如楚國無以爲寶惟善以爲寶楚書也安定國家必大焉先鄭書也見左襄三十年傳若以朱注楚書楚語例之則今所傳之國語應卽當時各國之書前漢蕭望之傳引書曰戎狄荒服師古注云逸書也其語今見於周語上卷似語可爲書之証顧此書與周語絶不相類古云孔子修史先觀周書左氏傳經究編國語則知周書與周語無涉而孔子所本以成尚書中之周書者蓋此周書也

或曰體格神味絶不與百篇相類不應所存者若彼而所删者竟若此竊

思孔子刪書豈與後世之修史者等班掾抄襲隨遷無論矣後漢書之飛鳧化羊王喬左慈二傳晉書之蛇垂頭黍爲血杜預裴楷二傳新唐書之好摘摭小說大約堅索其詳而遂失之蕪過求其實而或流於墊耳孔子上以追渾灝之風下以垂疏通知遠之教必別有所以爲詞嚴義密者是豈底本之可同乎且後世史局凡稗乘銘述捆載而來及成亦未嘗將所采者悉行纂入蓋求貴詳而擇貴精也然則所論百篇之餘一語尚須活看以爲刪書時蒐討必及此書則可若以爲刪書時并無他書只據此書刪訂則不可

孔安國書序云以其爲上古之書故曰尚書竊疑中有昭代之編不宜概稱上古然自家令受歸未始判離四代則舍尚書亦無以名之者彼統於尚書之稱此專乎周書之號劉班紀述毫無訛謬特是古文出而未行世

方知二十八篇之外殘闕尚多因以知十九篇之爲周書者遺漏亦復不少在諸儒諒必有俟其顯行而兩相印證之意由西漢而東漢流傳既久孰辨其爲十九篇之周書孰辨其爲七十解之周書於是逸周書之名肇焉矣數千年來爲是書加一逸字固溷其所自始而惟有逸字乃可溯其所從來也左襄三十一年傳正義云漢初尚書二十八篇太常孔臧以爲故二十八宿都不知尚書有百篇竊謂安國眞古文兩漢有傳之者特未立學官耳觀後漢書稱董春少好學師事王君仲受古文尚書可見漢制諸經未奉詔旨立博士設弟子不得私相授受此書以其爲刪削之餘故不立於學官惟不立於學官遂無博士無博士故諸儒不爲之傳習嘗讀徐防傳有云伏見太學試博士弟子皆以意說不修家法議論紛錯互相是非蓋譏當時之不守師承也其已立博士者且然況此書尤未奉

詔旨乎想當時以周書即統於尚書故劉氏亦無庸爲攘太常之疏雖遽相援引用資博識而究無爲之訓解者此其所以易晦也與

周書逸周書之名見於群籍之所引者甚多其爲此書與非此書頗難辨別今略以各籍注語訂之如外傳鄭語訓語有之注云訓語周書其文乃龍漦事與此書無涉又如呂氏春秋愼大篇引周書若臨深淵若履薄冰注云周書周文公所作適威篇引周書民善之則畜也不善則讎也注又云周書周公所作同一引周書而此二條注意若惟恐人之疑其同於他處而再三詳之則知周書標號不僅一書矣然如呂覽貴信篇引周書曰允哉允哉注云逸書則係此書而前漢書王商傳引周書曰以左道事君者誅注師古曰逸書也却不見於此書則知第言逸書未可概以爲此書

矣若夫逸周書之號莫始於說文蓋肇經購得原無歧出之嫌不似尚書有今文有中古文有漆書古文紛紜淆錯幾不能悉辨其所自來然而執許氏所稱逸周書者考之實元黃于篚（匪字注）似尚書中周書之語竘匠（竘字注）明視以算之（祘字注）雖類此書而語無可考則又以同稱逸周書轉不敢指逸周書爲此書之定號也惟杜征南左傳注凡傳所引書在今曰古文者概云逸書而於此書則直云周書蓋是時孔氏之古文未出世所見者除今文外惟漢武帝時所得泰誓三篇故以爲逸然梅賾所上古文尚書大半攟拾孟子及內外傳引述者羼其中以惑人人咸喜爲眞古文不知實爲僞孔氏此書則毫無假託絕少糾紛玩杜注灼然知爲西漢以來已有之書也（太平御覽卷七百八引周書曰波斯國大月氏之别種也其地出氍毹後又引此條稱後周書即御覽中周書一稱尚統數書）

同一冢也或爲魏襄王或爲魏安釐王束晳傳並言之同一發冢得書也或云咸寧五年武帝紀或云太康元年衛瓘傳後恒傳同一束晳傳也王隱撰者以爲太康元年隋經籍志同房喬修者以爲太康二年本荀勗穆天子傳序試以晉書衛之武帝紀與衛恒傳不同是一書已相牴牾矣遑問其他但得書在咸寧五年冬十一月踰年改元太康相去不遠尚屬可通且杜預左傳集解後敘亦有太康元年之語是王隱之書猶未甚失也然荀勗穆天子傳敘兩言太康二年勗在當時曾奉詔校勘竹書似不應有誤房喬之書與此合而得以爲盡誤乎是取他書以証晉書亦未有確據也予因平情而求一可據者房喬在唐初不如王隱在東晉之初王隱雖承父遺業西都舊事多所諳究究不如杜氏之得見然預亦祗見之而已又不如荀勗之會自校正但勗

所校正當非竹書方得之時又不如武帝紀之本於左右史之紀注是咸寧五年自係鐵據而諸書竟多異同何也嘗讀隋經籍志序只依據左傳集解後敘之文敘言見書而從太康元年吳平說起於是有以爲太康元年者敘又言晚得見之由元年而說晚當屬次年於是有以爲太康二年者撰隋書爲唐人修晉書亦唐人彼此不相互勘此其所以叅差也然而荀勗之穆傳序亦作二年其將何說曰此當是筆畫訛錯不然則校書者因預何由得見必係荀勗校勘之時既以預之晚得見爲二年因遂如房喬之改王隱束晳傳耳噫得書之由尚鑿枘若此則此書在冢中不在冢中其何以辨訂乎太平御覽卷七百四十九引王隱晉書有太康二年得汲郡冢中古文云云所引二年恐傳抄有訛

此書分兩大派一漢志一隋志晉以前應以漢志爲據晉以後應以隋志

爲據其大較也然均有可疑者漢志無逸字至說文始曰逸也而鄭氏蔡氏在許氏後則不言逸張氏在魏言逸而杜氏在晉却不言逸郭氏與杜氏同時而略後却又言逸夫自魏以前諸儒豈不知有漢志而間代殊稱已難推測且杜氏注左方成適値冢發郭氏注山海經時冢發已久而亦或逸或不逸是則漢志以來稱逸一派之可疑也隋志曰周書本符漢志其注云汲冢書遂成歧出矣然第曰汲冢書無周字猶未敢必爲此書也再足之曰似仲尼刪書之餘則確乎其爲此書矣然猶係注語也唐志正文曰汲冢周書十卷又曰孔晁注八卷則此書號汲冢牢不可破矣但隋唐諸儒凡引述此書均未有稱汲冢者至宋其號始熾是則隋志以來稱汲冢一派之可疑也比較互衡稱汲冢不如稱逸稱逸不如不稱逸然則

無分於逸與汲冢而統尊爲古籍也可
考正竹書者晉書荀勗傳云乃得汲郡冢中古文竹書詔勗撰次之以爲
中經列在秘書衛恒傳云太康元年汲縣人盜發魏襄王冢得策書十餘
萬言按敬侯所書猶有髣髴（敬侯係恒之祖）古書亦有數種其一卷論楚事最爲
工妙恒竊悅之束皙傳云武帝以其書付秘書校綴次第尋考指歸而以
今文寫之皙在著作得觀竹書隨疑分釋皆有義證是皆奉旨考覈者也
王接傳云時秘書丞衛恒考正汲冢書未訖而遭難佐著作郎束皙述而
成之事多證異義時東萊太守王庭堅難之亦有證據皙又作釋難而庭
堅已亡散騎侍郎潘滔謂接曰卿才學理識足解二子之紛可試論之接
遂詳其得失摯虞謝衡皆博物多聞咸以爲允當又儒林傳續咸有汲冢

古文釋十卷是諸儒自爲校正不必由於詔旨也然泛言竹書術未有主名司馬彪傳云初譙周以司馬遷史記周秦以上或採俗語百家之言不專據正經譙周於是作古史考二十五篇皆憑舊典以糾遷之謬誤彪復以周爲未盡善也條古史考中百二十二事爲不當多據汲冢紀年之文亦行於世此則專指紀年一種然亦見冢中書之爲當時所重也此書果在冢中無論奉旨不奉旨未有不總爲校勘之理而自孔注以外竟無一參考者豈諸傳雖不析言而此書已在其中耶今檢程典篇和而順句下有愼同二字王會篇伊尹朝獻商書下有不應入周書錄中以事類來附二語均似校書者之詞此應在孔注之前特不審僅此二條耶抑有之而已多脫漏耶

按隋書經籍志序云帝命中書監荀勗令和嶠撰次爲十五部八十七卷（云云）嘗考晉書和嶠傳並無校正竹書之語隋書未足爲據宋藝文志云竹書三卷荀勗和嶠編恐亦沿隋書而誤

此書訛衍闕脫不可卒讀甚於佶屈聱牙難以臆度故世儒多鄙棄之夫此不可卒讀者果以發冢始得之故與則以竹簡之迹出自五百八十餘年後若不朽爛定亦糊模（按秦少游倉頡廟科斗書記昔齊文惠太子爲雍州時盜發楚王冢亦得竹簡青絲綴簡廣數寸長二尺皮節如新云云與此兩不相涉讀者勿以疑此）且杜氏左傳集解後序云發冢者不以爲意往往散亂又束晳傳云初發冢者燒策照取寶物及官收之多燼簡斷札文旣殘缺不復詮次據此則訛衍闕脫固無足怪惟是孔氏時原有二本（二本之說已見疏証門）一屬冢中必有一係冢外者冢中雖多壞冢外必然完好不

解孔氏於凡訛衍闕脱之處何不據以參訂俾無舛謬豈三擯厥親大武解以前於王克殷解二語外更無同異耶抑此原係善本流傳既久而始殘缺耶且彼一本不傳於後而泯滅係何時耶有二本而不獲資二本之益致使書名糾錯恒滋一本之疑謂非稽古之憾事耶

辨誣

文王之受命也自是潛移商祚之幾而聖人必不以此爲子孫喜泰誓命我文考肅將天威大勳未集不過讓美於親之常談無煩索瘢然受命改元之說與文王眞欲代商矣此書酆謀解周公曰時至矣乃興師循故注曰言可伐紂之時至謂循古法噫斯言也以爲循上古耶上古未有伐君之事也以爲循文王耶文王未有伐紂之事也若泥斯書將謂武之伐紂

卽文之志矣本篇起語曰維王三祀與伐殷在十一年相距尚遠而自班氏律歷志以來皆以武四年克殷連文受命九年爲十三年此言三祀按諸文傳所紀九年己十二年亦屬捍格故孔注陰主受命七年之說謂自文王受命至此十年今已從盧本作十二年此處特指舊本遂覺興師循故之語確爲觀政于商之舉竟似伐殷一役積謀已久使武周與後世之潛蓄異志者同科則經旨晦而聖心亦晦矣吾再三尋繹方悟興師循故卽伐黎之師也竹書紂四十四年西伯發伐黎是年適當武王三年蓋黎黨紂惡欲以甚周故伐之証以篇中商其咸辜維日望謀建功謀言多信今其如何數句正自相合金仁山以戡黎之師卽觀政于商亦未嘗其言循故者謂循文王伐崇伐密之故事耳若如注以爲可伐紂之時又不得循故之解則載木主而東是坐文王以

不臣之心矣誣武不因以誣文乎

商雖暴虐然非周不共戴天之仇也周雖强盛而武王猶世篤忠貞之侯也何至日以伐紂爲心以克商爲事此書寤敬解召周公旦曰嗚呼謀泄哉今朕寤有商驚予說者咸以爲恐伐商之謀泄是武王眞有圖商之意矣不知仁暴相形之際列國已多忌周且紂亦非闇懦之主使一旦下一命曰不許發襲西伯之封不許復專征伐例以十二金牌終須班師而謂武王敢抗拒乎故武王必有善全之術使暴主不疑强侯不妬足以保其國足以延其緒而後可爲孝可爲孝而後可爲忠詩所謂遵養時晦卽指此時然則所言謀泄者蓋恐自保自固之謀泄也觀篇中王曰戒乃不與憂其深矣周公曰監戒善敗護守勿失又曰不驕不悋時乃無敵王曰余

維與汝監舊之葆咸祗曰戒全是保國保家之旨并無一言及商世顧以
謀商疑武王耶
篡弒之舉見之未有不裂眥者言之未有不切齒者卽聞之亦未有不髮
上指者蓋秉彝之良古今同然武王而果擊斬折懸豈以其爲天子而爲
之末減武王而忍於擊斬折懸豈以聖人爲天子而轉有恕詞顧烏知爲
眞天子者必無此事聖人爲天子更必無此事乎烏江旣刎未聞漢高祖
重之以僇辱明太祖不肯獻俘且曰唐太宗亦待王世充耳若遇隋之子
孫必不其然矣何武王於紂而謂旣射之又擊而斬之又折而懸之以二
君所未嘗爲者遽以誣聖人其爲可切齒而髮上指亦復相等大凡尊聖
人者必爲聖人辨誣故如外史桃林篇所稱紂死武王仗黃鉞而不誅祭

以天子之禮諸侯稱仁等語懷古之士未始不信其說然西漢至今辨誣者不能遏誣者之流信辨誣者又不能奪信誣者之口則何也蓋造誣者有所假託而辨誣者轉若無所依據誣之之說中於固陋之胸辨誣者即申其說而終不能暢無惑乎誣者久而益熾信誣者復久而益堅矣夫誣之所假託果何書乎亦不過此書克殷世俘二篇中數語然非書之誣也讀書者自誣之也予校克殷篇適王所乃尅射之三發而後下車而擊之以輕呂斬之以黃鉞折懸諸大白注云斬絶其首適二女之所既縊王又射之乃右擊之以輕呂斬之以元鉞懸諸小白世俘篇太師負商王紂懸首白旂妻二首赤旂乃以先馘入燎于周廟注云王在祀主使樂師以紂首及妻首所馘入廟燎也二處雖痛爲之辨究亦未能改正季弟浮山曰

是無須辨經只須辨注如所稱尅射非尅射紂也尅乃就字訛承上句而言就紂之死所而射其三方也輕吕黄鉞之擊斬蓋虎賁之士以劍鉞虛作擊斬之狀也折懸諸大白者折與摺同義摺疊也折大白之幅懸之以遮紂尸二妻則以小白全幅懸而遮之均所以辟穢也太白言折小白不言折蓋旂幅有廣狹耳予於是躍然曰是可悟世俘篇懸首之誤矣二首字皆自字訛蓋言大師自所懸白旂中負出商王紂之尸來自所懸赤旂中負出二妻之尸來皆將爲殯殮也下句先馘則指大惡臣等與紂夫妻無涉玩經文乃以虛字自明注殊謬誤至是則祭商王紂于商郊一層不煩多言而自得矣拔誣者之根而與辨誣者以確據設信誣者再張其說而信辨誣者可執此以折之古經之義聖人之心有不昭然如日月乎

先哲之爲武王辨誣非不詳悉然皆懸空著論想所當然故卒無以破此書之謬解如梁曜北所言湯於桀放之而已武之待紂豈遂不如湯之待桀奚至以已焚之枯骨矢射劍擊斬鉞懸旗復受分尸梟首之慘等語詳見克殷篇內又袁子才謂武王伐紂爲救民也何所怨毒而必三射之且懸其首於大白莽操所不爲而謂聖人爲之乎云云均係正論然設有舉此書以相難者恐諸君亦無說可解不過咎此書之舛駁而已予與季弟再三商榷爲射爲擊爲斬皆祓除不祥之義禮檀弓桃茢執戈雖是人君行弔之禮然當時臣下以敬其主亦不爲過韓公諫迎佛骨表云古之諸侯行弔於其國先以桃茢祓除不祥玩此語應是三代時天子諸侯通用之禮折而懸者所以避穢即所以覆遺骸賈子所謂帷而守之者當即指此且經文此處並無折首斬首等字不知孔氏從何捏爲斬

絶其首之注或亦因世俘解懸首首字之訛懵然以爲與此本一事而誤耳夫後世革命之際其待勝代故主猶必以禮殯之以禮葬之况武王待紂更當超越萬萬則遺屍之負蓋使太師司殯事故自所懸旂中負之以殮也嗟夫紂死國亡二女死君是成湯太甲之靈所爲呵護者自經旨一晦遂似武王視爲罪大惡極之囚其可慘爲何如今校正經義經正則注謬自見諸邪說俱自熄是亦考古之一快也

史記殷周本紀多與此合後之君子咸謂太史公必見此書者顧度邑人皆信之而克殷之擊斬世俘之負懸讀者不咎腐史轉歸咎於此書今如子之所解無一毫穿鑿無一毫傅會而頓如撥開宿霧星月輝煌讀者試掩卷靜思果快人意否數千年皆横一史記之說於胸中讀此

書遂習而不察故諸儒雖詳爲辨晰而終不能豁拘牽之疑致使古書不得燦然於世然則此書本無咎其咎在龍門之誤解此書也漢後諸家盖鼓其說皆沿史記而揚其波又奚怪孔氏乎孔氏注此書不得經旨處頗多然皆無大關係惟此二處則關係古今之名教與聖賢之心跡故予必細加剖辯既辨其誣之始自史記則孔氏不應有苛詞且孔氏注世俘篇藏俘二句嘗云武王以不殺爲仁無緣藏億也俘藏之多此大言之也注殷祝篇成湯放桀于中野句云此事不然矣或者欲解之蓋於湯武放伐皆不輕易措詞自是讀書有識者

按尚書予娶于塗山辛壬癸甲啓呱呱而泣予弗子惟荒度土功孔安國注辛日娶妻甲日復往治水及啓生不暇顧蓋即孟子言過門不入

事也史記予辛壬娶塗山癸甲生啓予不子以故能成水土功雖言急於治水與孔注同意而啓之始生則有不堪問者故索隱謂今文尚書脫漏太史公取其言不稽其本意豈有辛壬娶妻經二日生子之理不經甚矣竊思司馬遷曾從安國問故而解尚書且悖謬若此況此書未有訓詁乎夫讀書貴審其義自唐以來辛壬癸甲之解未有從司馬氏者未有不惡司馬氏之藉經語以騁異說者吾願讀逸周書者謂矢射劍擊鉞斬旂懸諸謬說皆史記之誤解此書亦如辛壬娶妻癸甲生子之不可從咸深惡而痛嫉之則不但經義優長而千古之世道人心亦大有所裨益矣陳星垣云辛壬癸甲孔注自明若史記便不可通辛娶乎壬娶乎癸得子乎甲得子乎殆不足辯

又按楊升菴評史記云賈子言紂死棄玉門之外觀者皆進蹴之武王

使人帷而守之猶不止也此近事實太史公輕信汲冢書故有此說吾所謂咎此書之舂駮明儒已有然矣　國朝閻百詩因石華峙問三統歷武成篇乃以庶國祀馘于周廟在廟獻馘似非武王所以待紂古文未必實告之曰參以周書世俘解當日正有此事但不至如周書言負商王紂懸首白旂妻二首赤旂乃以先馘入燎于周廟若此之甚是皆咎此書從未有爲之辨誣者夫豈諸儒皆不善讀書哉其病總由於輕此書耳輕之者久而益篤遂無復如何考繹尚堪尊信之轉念吁是此書之大不幸也吾今申辯至此試起諸儒而質之必有怡然心折者

晉語驪姬告獻公曰今夫以君爲紂若紂有良子而先喪紂無章其惡而厚其敗鈞之死也無必假手於武王而其世不廢祀至于今吾豈知紂之善不哉注云厚其敗謂武王擊以輕吕斬以黃鉞也竊謂厚重也敗亡也紂亡其身而累及二女同亡是重其亡也如此方是驪姬對獻

公語意與輕呂黃鉞之擊斬何涉自龍門誤解逸周書以作史記由是凡註書者悉沿其誤吁流毒何其甚哉

紂之死也世俘解有取天智玉琰身厚焚語想克殷篇所謂屏遮而自燔於火解者亦必指此史記且以爲衣其寶玉衣矣吾謂瓊宮瑤室酒池肉林紂固汰侈究恐未必有此後世駭傳其事竟似紂臨終尚驕奢如此臨終尚以寶玉自殉如此臨終尚倖其屍之不潰如此吾釋屏遮句則以爲紂抱一必死之志恐其見火有所却顧將不免他人之手刃故以物自爲屏遮拚身一擲毫無繫悋此而視後世之安漢公順義侯歸命侯殊覺凜凜有生氣

當戰國諸侯放恣處士橫議之時桀遠而紂近湯畧而武詳故所爲誣湯桀者尚少而肆然誣武紂者特多由周歿漢異說沸騰幾難僕數如荀子

解蔽篇云紂懸于赤斾尸子云武王親砟殷紂之頸墨子明鬼篇云武王入宮萬年梓枝折紂而繫之赤環載之白旂韓子忠孝篇云湯武人臣弑其主而刑其尸竹書紀年云王親禽受于南單之臺論衡云武王伐紂紂赴火死武王就斬以鉞懸其首于大白之旗淮南子本經訓云武王殺紂于宣室賈子連語曰紂將與武王戰陳其卒左億右億鼓之不進皆還其刃顧以鄉紂也紂走還於寢廟之上身鬭而死左右弗肯助也紂之官衛與紂之軀棄之玉門之外民之觀者皆進蹴之蹈其腹蹷其腎踐其肺履其肝史記殷本紀云紂走入登鹿臺衣其寶玉衣赴火而死周武王遂斬紂頭褚生補龜策傳云紂自殺宣室身死不葬頭懸車軫四馬曳行以上或言鬭死或言自殺或言武王手戮或言自焚而武又加刃甚且言身首

異處而揭旗以梟示噫斯語也不但厚誣武王而且厚誣乎紂武王聖人也蠅蚋不能污白璧烟霧不能翳晴空雖不辨究於武王無損獨至紂以一死謝二十九王之靈以一死完六百餘祀之祚此蜀王譙所不能得於後王者而紂慨然爲之而且舉家以殉國變是何等激烈讀書者正當掩卷痛哭悲其國破家亡至於此極而數千年來不特不爲之辨且若快其受此慘酷者亦獨何哉伍子胥破楚忍於鞭舊君之尸君子未嘗不爲楚平惜深咎伍員非臣子之道何至紂爲千古第一死社稷之君竟無一人代抒義憤流連憑弔慰彼幽魂於冥漠衛懿公以好鶴而亡尚有納肝之臣何至殷竟無一忠臣義士伏故主之尸代受輕呂黃鉞之擊斬又無一遺民故老衰絰號慟奔赴軍前求故主之首函而葬之者此眞不可解之

事也不可解則無其事矣紂若有知必痛恨數千年讀書者媕婀乃爾

附答友人詆所箋逸周書第二書

論表微之道匹夫匹婦百瑕中苟有一瑜亦宜急爲表彰何況興亡一大節目既急於表彰卽曲爲之說而可通亦人所樂從而況以紂爲殉社稷無須如何回護如何牽合而自顯然可見者尊信內斷不許紂爲死社稷之君又斷不喜 弟爲紂死社稷之論其以紂殘暴不仁雖死不足惜耶秦漢以降亡國罔不由於殘暴其中有不似紂之甚者亦必有大甚於紂者苟能一死史冊並無貶詞以後例前何疑於紂其以紂若殉國則武王不得爲聖人耶紂能死亡國得其正武王無擊斬折懸之事得國得其正立言旣頗正大揆理亦覺精醇亦何駭人聽聞之有其曰商周仁暴如辨黑白自周以來已

有定論云云弟初非言紂一死便算仁君便非暴王生前之暴自係生前之暴臨死之殉社稷自係臨死之殉社稷持論兩不相悖而君鄭重其詞曰不容以不辨其爲名教所關耶其爲綱常所係耶抑是非好惡之無所定耶求所當鄭重之故無一於是而若斥弟爲變亂黑白毋乃過與以紂爲湯孫歷世二十九王晉語作三十一王蓋連外丙内壬而數之歷祚六百餘祀論正統何如其正也論一統何如其一也而君竟以簒奪之新莽混一之隋煬帝相提並論擬不於倫曾自悟否且君何不借觀於帝昺之厓門崇正之煤山耶厓門乃陸秀夫負之煤山乃王承恩懸之信如君紂死乃不得不然之說二君皆不得不然者則亦不得爲殉社稷矣夫使漢唐以來先有此論弟今日亦無暇爲前人作鈔書傭惟其未經人道

故反覆申明謂天下庶幾有同志者而君乃譏其言重詞複譬如古文尚書之不可信一語足矣考朱子全書伏生不應只記其難讀者一語凡三四見有明諸儒著論皆數千言至　國朝閻百詩先生爲書至八卷之多假令君讀之更當何如笑其言重詞複耶前信所引紂之不善章蓋謂紂事惟孟子屢言之若孔門師弟惟有子貢此章已是原情之論可見春秋戰國相去百餘歲議論已自不同而君舉書旨以相難即以書旨而言紂雖殉國究無解於生前之不善亦益見下流之不可居於書旨有何違碍而君乃謂以千古下流之人今忽爲之表微其說等於諸子雜著設 弟 今日網羅降表之文君其以爲宏篇鉅製否耶蒐討受禪臺之故跡君其以爲正言莊論否耶噫抑又過矣其曰克殷文義

特明云云大意謂文義既明何須改字按射擊斬折詳在克殷頁首懸旂見於世俘然克殷中膺更大命革殷受天明命三語見引於文選注今本無之盧氏据以爲補是克殷原有殘闕也世俘中負首懸旂原文在四月庚戌之下計自丑月甲子勝殷連閏數至卯月庚戌已一百有七日豈有百七日之屍首尚可負以懸旂乎且在朝至燎周之後將謂武王自商郊載紂尸以歸於周然後折而懸乎是世俘又極錯亂也且克殷射擊二段經文並無首字而斬絶其首係註語不得以注之謬疑及經文之謬世俘篇有首字但首與自本爲近似且自義大勝於首此亦如子有亂臣十人亂乃古文乿字之訛孟子去齊宿於晝晝乃畫字之訛與其使千古爲應聲蟲曷若使千古爲別具隻眼改字之病在漢

儒堅守師說若說不可通寧欲改經不敢背師其病在此若如[illegible][illegible]語之謬易一字便覺經旨燦然數千年毒霧慢煙忽變爲祥雲甘雨丕論古者所當引爲一快而君乃謂尸子墨子皆本此書不得以爲人人皆誤夫尸子墨子之與此書未識君曾比勘異同否尸子云武王親砟殷紂之頭此書無此語也墨子白旂二字尚與此書畧同若萬年梓枝繫之赤環等句與此書風馬牛不相及君以爲皆本此書冤哉此書也且君何不引賈子新書連語篇所謂使人帷而守之者乎何不引黃叔度天祿閣外史所謂武王仗黃鉞而不誅祭以天子之禮者乎（論衡恢國篇言斬懸託爲或云蓋亦疑之）善善從長之道苟有一間可求必推闡以盡致況此事均之有書可証而君必舍其可信者不以信之强引其不可信者因以詒

之恐亦非稽古之正軌矣推君之意諒非謂必摰斬折懸方足見紂之死有餘辜方足見武王以聖人而爲天子不過堅執一逸周書不可信之見曲護其説而不肯游移耳尚書有今古之分古文又有眞僞之别而此書則辭奥義窔毫無歧出第恨爲横議者所假託以致沿譌襲謬越千餘年夫經書之有異説多矣讀書顧不擇其長焉者乎苟擇其長吾知天下後世必有賞音者矣此信尚長但以下論他事不與此數段相印証故不全錄

陳星垣鈞曰箋釋古籍不難於援引博洽而難於援引確當亦不僅難於確當而尤難於會悟不確當是芻狗也無會悟是糟粕也二者不可偏廢今管箋於克殷世俘二解如禮之桃茢執戈秦本紀之天賜石槨爲壇霍大山等語詳見摭訂下訂事桃林篇之祭以天子之禮均未經前人徵

引可謂博洽矣然使汪謬未去經蘊未宣縱羣籍有此証佐終屬隔閡又如賈子帷守之說自明楊升庵以爲近事實　國朝諸儒亦屢引之但引之祇以駁此書非所以証此書自公一闢汪謬闡經蘊遂覺桃茢執戈恰是射擊斬之証帷守卽折懸之意賜𣘗爲壇及祭以天子又恰是殯紂祭紂之據何其確當乎雖然禮檀弓賈子新書史記秦本紀天祿閣外史人皆習誦而卒未有能徵引以訂正此書者以此見公之讀書穎悟非人所能及也公著述甚富大要群經之說皆必前人所未發者始自存錄此段釋商周之嫌疑息邪說之淆亂尤有功於古聖有功世道人心蓋不禁觀止之歎矣

顧印之 縉 曰此書輕呂黃鉞等語本千古疑案但自唐以來未有一人

辨正者其以此書不爲世珍重耶抑諸儒欲辨正而無學識耶漢儒遇經文有錯誤往往守其師說不敢更易於是後儒每以改字爲校經之病今讀管箋一編竊謂改字非惟不病且足爲功何也萬世之綱常古聖之心跡所關甚鉅讀者不可毫髮苟也卽以改字而論勉與就不過語之略分輕重無甚逕庭首古文作𩠐亦作𦣻自古文作𦣹本爲形似說者如病其改經字以就己說試問勉字改而射擊斬折等字曾改否首字改而妻二首亦旂妻二自亦旂承上句負字下來果孰順而孰拗乎且克殷篇於紂言折於二女不言折注以折爲斬絕其首按注語原在折懸句下蓋釋折字非釋斬字也盧本曾據墨子武王折紂而繫之赤環語改斬爲折予故本此爲言是二女未嘗絕其首不折則無首可懸何以與紂一樣懸旂卽此足見世俘妻二首之訛誤旣

知二妻懸首之爲訛誤卽以見折紂首負而懸之爲大訛誤此說詳見本篇精

義惟憑經句妙解只在眼前第滑口讀過未由領會耳夫三家之訛別風准雨之誤不得明眼人千古何以昭晰況此專上全古聖之忠仁下啟經生之蒙聵有功於世道人心豈尋常考訂之所可同日語者數千年來人人意中所欲言實人人筆下所莫能言亟宜壽諸棗梨徧行宇內俾世之雒誦者耳目爲之一新胸懷爲之一快

征誅之局必有廢也而後有興中古以還桀紂乃亡國之最先者湯武乃得國之最先者湯武以仁易不仁以有道易無道要不甚異惟桀紂一生一死迥然不同桀之在南巢也未知其後若何未知其子孫若何雖有巢氏終商之世義不朝商亦忠於夏室者然爲寄公而至數百年例以式微

旄邱之詩未必非徒自取辱紂則一敗而卽自焚不屑面縛銜璧肉袒輿櫬求苟延其性命以紂視桀是亡國得其正者

又答友人辯紂死社稷書嘗讀史記五帝紀顓頊以下皆黃帝之後則是傳賢之前先已傳子揖讓之前先有征誅其易代之際亡主之自處若何興朝之待勝國若何史無明文讀史者固不能鑿空以爲毁譽也尚書獨載堯以來傳賢一變爲傳子揖讓之風不可再而征誅遂爲千萬世革命之定局揖讓不可再故襲唐虞者必亂征誅爲定局則廢興存亡自應以三代爲斷天旣以三代定征誅之局而又若以桀紂一生一死湯武一放一伐爲千萬世征誅局中判其廢興存亡之蹟是故桀在南巢湯未嘗禁錮之而桀終身無蠢動之意南巢人義氣雖重而卒

未有煽桀以爲亂者卽姒氏子孫亦未聞有僥倖於一姓再興者武王之封武庚與湯一心也而武庚以殷叛矣徐奄入于邶以叛矣語皆見竹書紀年是與桀及南巢異也管蔡且挾武庚以傾周矣更與夏之子孫異也廢興存亡之間商周已不同若此又何論乎千萬世天若曰湯武之心非後王所能及而湯武之事則皆後世興王所能學苟無湯武之心勢必有如桀之生而欲鴆以酒者有如紂之死而漆其頭爲溺器者生不克終恥辱已極死而被辱身後何知與其爲桀之生毋寧爲紂之死天以桀紂判征誅之局在此後之作史者所爲論廢興存亡而惡其生貴其死亦在此來示謂紂死社稷之說似是有意翻新究於事實不合云云竊思六經之義自漢至今諸儒辨論應無餘剩而歷朝皆有著述者

蓋烟海中恒有珍珠船以待人之探取翻新者未必新不求新者乃自新即以此書論之擊斬折懸等句往哲雖駮難究無解於史記之爲世傳習是翻新者不新也弟今日刋削注誤别爲詮釋恰是經語本然自具之藴則不求新而自新矣故紂死社稷之說自信其非着意翻新者蓋亦求諸經文而得之克殷經曰商辛奔内登于廩臺之上屏遮而自燔于火曰登誰爲驅之曰自燔誰爲逼之便見紂先懷必死之志後世史例恒創爲書法以明一字之褒而此數語較後世史册之書殉國者却極質直亦極嚴凛又自信其非不合於事實者克殷之屏遮自燔猶世俘之言取天知玉璲身厚焚似紂臨終尚貪戀於珠寶然此亦紂以之自殉耳不然天知玉非可以障火之物紂苟怕死何必投火既願投

火何爲屏遮此火蓋取玉璣身是貪性猶迷也屏遮自燔是烈性益烈也貪固不必爲紂諱而烈豈容以紂掩讀者既誤於史記之衣其寶玉衣又誤於孔注之紂身不盡玉亦不銷竟使紂必死之志墮入層霧中良可浩歎來示又謂殉國者必其主無致亡之道不幸而亡國故史冊哀其亡迺褒其死若紂則樂其所以亡者曷云殉國云云竊思紂若不死正與桀相類而何爲必以死自矢後世如華蓋入洛青衣行酒之輩君試對覩反勘其形狀畢竟何如生死之際未可徒逞舌快以菲薄前人也嬴劉以後或數百年或數十年輒有興亡之事其間或有無甚凶德遽爾敗亡讀史者亦爲之惋惜然必先代剝喪元氣亡之機已伏亡之兆已見第因餘祚未遽斬絕尚可稍延一代故其主雖貪暴未甚而

善者莫可如何不亡何待夫即貪暴之甚亦不過亡其國已耳亡國皆不幸未有謂幸而僅亡其國者顧於紂而云其亡獨幸乎且以紂為樂其所以亡則又有說矣牧誓今文也其商王受無道惟婦言是用一段與此書克殷言殷末孫受德迷成湯之明數語兩相符合子貢所謂紂之不善只是如此若如後來謂紂貪暴之甚蓋甚於偽古文耳非實有其事也泰誓三篇大數紂惡世儒不察轉若紂自死尚不足蔽辜因以不遭武王之手刃為憾轉若擊斬折懸痛快千載遂懵然以史記為信史可吠影吠聲之習其矣足以尚論耶或者曰果若是則武王非弔伐而篡奪矣曰唐虞官天下三代家天下後人不敢妄議其故大抵聖賢自一身推之萬事皆本乎天命人心之本然以極乎天理人情之極致

苟稍有違悖當世即斥爲不祥雖以侯王君公亦不肯因而曲恕故吾謂丹朱之不肖不過不肖乎堯商鈞之不肖不過不肖乎舜假令堯舜徑傳以天下未必遽爲喪亡之主然而唐時有舜則堯知其子非所以膺歷數矣虞時有禹則舜謂其子不足以授神器矣至三代之初無復舜禹之臣故其子孫雖中材而天亦眷顧人亦維繫非大無道不至厭棄此傳賢傳子所由然也然所謂大無道者又非若後世貪暴之甚也考竹書紀年言桀曰築傾宮毀容臺師師伐岷山注云得二女斵其名于苕華之玉棄其元妃于洛又內妹喜於傾宮飾瑶臺居之又曰鑿山穿陵以通于河殺其大夫關逢龍言紂曰作炮烙之刑築南單之臺伐有蘇獲妲己以歸作瓊室立玉門畋于西郊遊于淇王使膠鬲求玉于

周似此等事後世均未之有乎抑多甚於此者乎然桀不能繼禹紂不能率湯則已當時直道而行之衆所悲爲大無道者矣禹稷契均有及身宜王之道然而一時並興勢必不能天若斟酌於遲速之間以爲夏至四百餘年所以報禹者已至商至六百餘年所以報契者已至報禹者至則契之後當興報契者至則稷之後當興然使契稷之孫未有湯武則桀紂均尚可稍待而湯也克紹乎契即所以克纘乎禹武也丕承於稷即所以有光於湯以不能紹承禹契之桀紂當之安得不亡之速而興亦速乎是故後世有貪暴甚於桀紂而猶未亡者以其時未有如湯武者也桀紂不似後世貪暴之甚而竟亡者以湯武可王而又爲契稷之孫故也雖然後世已興者其祖宗原不能盡如禹契故雖未遽亡

而享國究不如夏商之久宜王者其爲子孫亦不能盡如湯武故王則王矣而得國終不免窺竊鬩干之咎讀史者第觀於享國之久暫得國之順逆則知冥冥中自有權衡矣凡此皆弟參考史傳而知天既以三代爲家天下之始即以三代定征誅之局因即以湯武爲得國之先聲以桀紂爲亡國之榜樣榜樣中有一生一死之不同然而桀之生惟遇湯始獲保其餘年若非湯恐難免死於非命亦非必凡有廢興存亡皆欲處生者以死然如此間樂甚不思蜀之流大有玷於先王先公苟爲史書之所不許亦即天心之所不與此吾所以謂紂乃千古第一死社稷之君也僞古文始出於東晉泰誓三篇作僞者第見秦漢之後如此因疑商周之際亦必如此且其意欲尊武王故醜詆乎紂而不知事蹟

已非實矣然考其事實僞古文亦有可取者武成篇中未嘗言紂如何死亦不言武王如何待紂以作僞者尚摭採孟子之血流漂杵以入武成而史記一書自西漢至東晉近五百年即逸周書亦大顯於世擊斬折懸苟筆之於書豈不確然有據而彼終不肯襲其唾餘是不欲以史記誤援逸周書之說誣武王兼誣乎紂也是亦作僞者之有卓見也讀古人書貴審其瑕瑜不相掩類如此又何疑於孟子之尊信此書耶

周笠塘文炳曰此論乍讀之似覺駭異及潛心玩味實屬事理之平善夫天以湯武爲得國之先聲以桀紂爲亡國之榜樣二語非上下千古胸羅全史者不能道前哲而可作也不易斯言矣先生嘗自言從前讀書大半拘文牽義今則眼界略放得開意境亦略推得廣又言是已非

人之見雖賢者亦不免吾惟求己說之能暢古義之可明何暇作與人喧囂狀故其書能語語出人意表而實字字在人眼前平正通達即世有泥古者亦竟間執其口夫乃嘆澄心觀物之識不僅含英而咀華而知人論世之學尤精於訂訛而補闕也雒誦數過猶想見譙周司馬彪作古史考一段風流

成湯放桀于南巢書言之矣然猶史之溢詞也嘗讀殷祝一解桀之於南巢乃自竄也非湯驅之也國君既出不可以復辱社稷豈天子既竄竟可以復辱天下乎天下不可以一日無君是時惟湯爲天下所屬望莫之或先則桀之不復湯之即天子位均時勢之不得不然者史爲之詞曰放雖似尊本朝實則掩湯之心矣放尚不可加諸湯而弑顧可加諸武乎紂之

死武之不幸前哲有言之者究未推及于紂若不死武當何如吾謂紂若不死武必請其復辟仍然退居侯服以紹服事之忠于何見之即于立武庚見之武庚之立百務未舉惟此獨先便是奉事嗣君恪守舊藩之意夫以南内之多出入也子而疑其父矣南城之多樹木也弟而疑其兄矣至如宋太宗之癡兒何遂至此明成祖之命鄭和三下西洋以叔忌姪更無足怪武王當人心未定之時豈無死灰復燃之慮倘欲滅商而取天下即應巢破無完卵安肯遽立其子以繫人心惟一聞紂死即立武庚是仍以周奉商而周祗爲周非塞衆人之屬望而爲此也非懼來世之口實而爲此也是則武王無滅商之心與無弑君之迹昭然大白于後世

夫趙盾亡不出境俯首而受不韙之名豈有舉兵相向逼其君于回祿而

不謂之弒者苟不得其實而徒謂非弒終是隔鞋搔癢即以孟子言之聞誅一夫紂矣未聞弒君也雖是儆惕齊宣細思却有語病一民之踐土食毛一士之析圭擔爵冠履辨别無日不嚴而況十五世之西陲作服十二祀之北面而朝一旦先天下而以爲非君有是理乎即云毒痛四海紂有忝于爲天下君而武王必不敢以爲非君也即云離心離德其勢已孤等于一夫而武王必不敢目爲一夫也在孟子欲駁乎弒之名是以尊武而吾爲武辨乎非弒之實轉似譽紂非譽紂也蓋惟紂正其終斯武王自正其始譬如燭影搖紅斧聲微震使宋室君臣兄弟千載蒙冤論古者奚容不苦口以痛辨

繩之將絕也必有絶之之處國之將亡也必有亡之之人假而商祚未遽

終則紂必能爲傲祥桑之太戊假而周運未遽興卽武庚亦能爲一成一旅之夏少康而旣適逢其會紂不屑捧受禪之璽武不屑見加身之袍勢必如當日情事此亦天之無如何者天能定廢興之局而不能定所爲廢所爲興之迹是故殷當日使無太史之爭帝乙果立微子而湯澤已斬恐微子亦必廢微子之廢豈遂同紂后稷之德鬱積旣久使紂竟殺文王於羑里而姬姓子孫終必興周周興之迹未必遂如武王之遇紂然則謂紂與武廢興之際乃各盡其道各行其志也可

論體裁

史家以尚書爲紀傳之祖然當孔子未刪之前柱下紀載諒亦編年而此書則先能獨創一體以史例求之鄷保鄷謀克殷世俘則本紀也祭公芮

哀夫太子晉則列傳也周月時訓月令則歷志也職方則地輿志也明堂則禮志也武稱允文大武大明武小明武武順等篇則兵志也嘗麥則刑法志王會則外裔志也論一代之掌故本典程典寶典則祖訓政要等書也王佩周祝則黼扆銘也大戒則百官箴也皇門解云周公格左閎門會群臣則後世召見大臣之禮也史記解云取遂事之要戒俾戎夫主之朔望以聞此後世御經筵之禮亦即志經籍志藝文之所由始也大匡解云農廩分鄉鄉命受糧程課物徵躬競比藏則後世常平義倉之所由建也載筆曰史載言曰士兼斯二者而規模宏遠矣

百篇之周書始於泰誓而十三年以前武王之侯度略焉溯之文王五十餘年之政教亦略焉又溯之肇基王迹其勤王家之主更略焉而此書度

訓命訓常訓統言周家章志貞教之道自文酌至文傳二十二篇內闕八篇皆文王事自柔武至和寤九篇皆武王未伐殷以前事雖其詞或晦澀或誇誕然謨烈之顯承可因此而得其概周公之輔成王以定天下也較相武王以得天下爲尤難自有金縢一書居東征東紛紛聚訟然處君臣父子兄弟間蓋亦根本節目之大者以是書之揚厲昭考宜何如須碩膚之公孫而成開作洛皇門大戒明堂本典數篇外並無濫及及之亦無戕天子位賜以天子禮樂之謏詞是尤愈於尚書有金縢徒滋後人之惑也穆王巡行天下億有數萬里若蠹書羽陵觴西王母等事當時諒喜爲創聞而書中祭公史記職方三篇穆王乃兢業之主不特穆天子傳所述者概從芟薙即如猿鶴沙蟲恒見於諸傳記而亦爲之屏斥此則史裁之最有識

者厲宣幽平之世實周室存亡盛衰之樞繫霜有雅黍離有風宜紀事之編更加詳核而是書竟不涉筆作者蓋有隱痛焉此以知哀江南之賦長門怨之詩究是詞人習氣凡此數事以今尚書參之穆王四巡平王東遷不著於錄與尚書正同金縢一篇疑竇頗多世儒既疑古文因此係今文不復細辯然程叔子則以爲文不可信矣王熙陽廉且以爲非聖人之書矣至若以泰誓爲始蓋孔子敘書畫在一統故十三年以前亦削之若并述文王是晉書直爲宣景二帝作本紀矣有是體例乎此書專紀昭代與尚書體例各自不同不必執彼以疑此

帝王之興必有符瑞然漢高祖之天授非人力亦自臣下稱之非帝自言也尚書朕夢協朕卜襲于休祥戎商必克以弔伐之義舉祇決于夢與卜

且語氣泰侈亦似專言符應者曷若此書和寤解云綿綿不絕蔓蔓若何毫末不掇將成斧柯武王猶是臨事而懼之心乎又武寤解云王赫奮烈八方咸發高城若地商庶若化直舉綏厥士女元黃壺漿之蹟渾然包括而凡白魚入舟赤烏流屋之祥與血流漂杵之誕概不著錄竟若未有其事說者謂此書厖雜吾則謂此書極縝密

按朕夢三語見於外傳周語下單襄公所引其爲古太誓無疑然且不如此書之質又何論於呂氏春秋尚書大傳春秋繁露等書之創爲異說以炫奇聞者乎白魚赤烏二事諸書有引稱太誓者由是以思不獨梅賾所上古文之泰誓爲僞而河内女子所獻之泰誓已先僞也

此書大致是紀傳體然其敘事不過程典克殷嘗麥世俘數篇餘則於篇

首或追敘或總敘皆事略而言詳外此則直如史評史通等書全是作者發揮其所見至其體格有極醇懿者有極奇肆者有極肅括者有極變化者有澄波蕩漾者有雲峰聳拔者蓋亦良史才而別有所寄託以視漢魏後之六代論晉紀總論戛乎尚矣

論義旨

大凡非常之舉聖人不得已而爲之湯武放伐以爲應天順人以爲弔民伐罪皆尚論者衡量而云然在聖人則惟心與事相激發審理勢之當然而卽爲之故如觀政於商予竊疑其未必有此事至如史記周本紀諸侯皆曰紂可伐矣武王曰汝未知天命未可也乃還師歸一段謂是衆寡强弱之未可耶抑水未深火未熱之未可耶抑簞食筐篚之迎尚未可耶且

鬻子云紂虎旅百萬之多淮南子云紂師起容關至於浦水士億有餘萬以紂之殘暴頋宴然聽周師之自來自去耶是真可疑者乃竹書紂五十一年周師渡盟津而還則實有其事矣既有其事而周師之所以還者何哉意其時紂必使人謝武王曰君侯之師爲孤得罪於天下也孤知罪矣願與天下更新君侯其徐圖之果若是則武王方爲天下幸方爲商之宗社幸豈有不急於還兵者故泰誓雖難信而觀政于商惟受罔有悛心二語却道著武王心事蓋有悛心是武王之初志矣罔有悛心以啟甲子之事是武王之所不意也夫觀兵以警紂冀其有悛心則公心也興兵以試商卜其可取未可取終必幸其可取則私意也公私之間間不容髮論古者可輕於置議乎迨時至事起聖人亦迫不及待何須遲回而却頋乃韓

詩外傳云師至邢邱楯折爲三天雨三日不休武王心懼問太公曰意者紂未可伐乎太公曰楯折三軍當爲三也雨三日不休欲灑吾兵也乃修武勒兵于甯此言武王幾似唐高祖晉陽之甲說苑權謀篇云武王伐紂過隊斬岸過水折舟過谷伐梁過山焚萊示必無返志也其言武王又似越勾踐笠澤之役昔以爲未可而退師今之興師則必可伐矣旣以爲可伐又何必遲疑苟如此遲疑何爲急與此師凡此等處總緣事出非常造誣者投間而抵隙各騁簧鼓快所欲言遂至彼此相矛盾若此今讀此書自柔武至和寤所紀未伐殷以前大旨總不外於大開武所謂夙夜戰戰何畏非道何惡非是酆謀所謂害不在小終維實大悔後乃無數語可見武王始終一敬戒之心

按史記齊世家言東伐以觀諸侯集否孔氏書傳曰武王觀兵盟津以卜諸侯伐紂之心諸侯僉同乃還師示弱夫謂以卜諸侯之心則武王果有謀商之意矣又曰退以示弱亦豈救民於水火之道哉是皆不得

聖人之心者

武寤解云王不食言庶赦定宗克殷後散財發粟等事是庶赦也立王子武庚是定宗也武王而實有此言耶則與泰誓所謂予克受非予武惟朕文考無罪受克予非朕文考有罪惟予小子無良相去何啻霄壤抑武王有此志而臣下揣測之以爲有此言耶則是弔民伐罪之心與興廢繼絕之心自然流露不獨當時共信而千百世亦無有不信者作者特標此語於克殷之前夫亦曰皇天后土實聞斯言當時後世共鑒此衷

一武庚之立克殷解曰立王子武庚作洛解曰立王子祿父俾守商祀書之而異其詞何哉蓋武王不意紂之遽死又不幸值紂之已死立武庚是即奉戴嗣君之意商家以十干爲號雖先後相次之故不可盡考然紂曰辛立其子則曰庚明是繼承之序武庚者祖庚南庚太庚盤庚之類也是時之域中依然子姓之天下故初不言其所立爲何迨立之旣久武庚不能奮興舊緒武王以爲與其重亂而致亡何若守藩而延祚故書曰俾守商祀前曰武庚年號也後曰祿父藩臣名也而前後並稱王子不以爲亡國之裔也是皆書法之凜然者

按史記殷本紀言封紂子武庚祿父以續殷令脩行盤庚之政殷民大說竊思武王乃立之非封之也武庚即享有殷國非續殷也史公尚未

得武王命相未命監時之心然語意亦與此段相發明

又按書多方曰天惟五年須暇之子孫誕作民主罔可念聽數語亦與此相印証蓋暇通假待也子孫謂紂之子孫武庚以後是也武王既克殷在位凡五年此五年中無日不默求諸天庶幾紂之子孫有能光昭令德足為天下君者將以待之所謂須暇之子孫誕作民主也無如武庚便庸懦不振是罔可念聽也再考本經下二節意旨亦極明暢自傳以子孫即指紂解曰天未忍遽絕猶五年之久須待寬暇於紂云云則竟說向未伐殷以前不但不見武王始終無黜殷命之心且使五年之數喧嚷不休矣（五年之解見後訂商周之際）

武王克紂不改元是未嘗滅殷也顧誰知其尤未嘗忘殷乎商制稱祀周

制稱年此書於武王勝殷之後言十有三祀者二言十有七祀者一至成王元年然後稱年終武之世未有稱年者則武王未嘗忘殷之心於此可見此書之書法蓋深得武王之心者蔡以尚書洪範今文也則曰惟十有三祀泰誓古文也則曰惟十有三年此以見今文可信古文可疑矣金縢雖今文而起語既克商二年竟曰年是亦可疑者世儒每謂此書不如尚書試由此求之自當定從違之準竹書紀年全書稱年蓋其體如是非商不稱祀也此書文王之年稱祀及武王十三年以前稱祀均尊王制也惟克殷後仍稱祀斯足表臣心矣讀者宜細思之

李穆堂先生有云武王未嘗代殷也成湯放桀不立夏後蓋實取而代之故曰予恐來世以台爲口實若武王伐紂紂自焚死卽立武庚爲殷後三監將以輔之非制之也武王猶退居於鎬迨既殁管叔以武庚畔

然後誅其君立微子以備三恪故尚書百篇序目祇有微子之命別無封武庚之文多士之文曰用告商王士是以武庚爲商王也又曰非我小國敢弋殷命是仍安侯服也攷書序湯誥便云湯旣黜夏命而周書序自泰誓牧誓武成凡在武王之世者俱無黜殷之文至大誥然後稱武王崩三監畔周公相成王將黜殷微子之命序曰成王旣黜殷命周官序又曰成王旣黜殷命是殷命至成王始黜也凡封先代之後必別立國名故黃帝後曰薊唐後曰祝虞後曰陳夏後曰杞而武庚獨仍殷號以其爲天子也至微子受封則曰宋不曰殷矣武庚本名祿父而武庚則爲天子之號殷歷代自祖已外無以天干爲名者凡以干名爲號者似後世之紀元皆天子也按穆堂此論極爲正大予因闡發此書多

與之合故備錄之以見非予之臆說也且先生據尚書予據此書合而訂之益見書能傳信貴乎善讀

易曰湯武革命順乎天而應乎人孔子明言湯武同一心也顧一生一死迹極懸殊後世因有謂武不如湯者夫武豈眞不如湯哉予初讀此書殷祝解詳記湯桀之事竊疑書曰周書而紀述前朝於名爲不類於例爲不合作者不應如此之舛反覆三思乃知言湯即所以言武蓋紂不自焚武王必請其復辟雖未必紂果如桀之三奔而武無圖商之心與湯實遙遙相印作者從數百年後能得聖心於事蹟之外蓋曰後人不知武第觀乎湯耳於論古爲以前聖証後聖於行文爲以一筆貫兩筆此等處斷非後世拘泥凡例者所能及此篇作者命意固是如此然仍應如伊尹朝獻商書之附于王會方合蓋附在克殷篇後甚妥

克殷解於立王子武庚下書曰命管叔相相非卽監也考竹書紀年二月立武庚四月命監殷然監非欲掣武庚之肘非欲扼武庚之吭後大匡解云管叔自作殷之監東隅之侯咸受賜於王王乃旅之以上東隅蓋亦命管叔爲東方諸侯之長耳其必曰監殷者禮王制天子使三監監於諸侯之國大國三卿次國二卿小國一卿此監之義也而命管叔監殷卽一代王制之所由始也雖然聖人行事亦非一味糢棱而毫無杜漸防微之意是時暴旣除矣亂旣定矣而殷遺之煽動與否必在武王意計之中夫料其不畔策其復反雖以後世善兵者尚能審時度勢而得其周詳豈聖人燭照如神而顧茫無覺察乎作洛解云建管叔於東建蔡叔霍叔於殷俾監殷臣夫乃信三監非監武庚也監殷臣也作者洞見本原又復細針密

繹如此

此書與尚書相印証如禹貢備夏朝之典制而商書獨缺此書如王會解方千里之內爲比服三句注云此服名因於殷非周制也王會解又有伊尹獻商書一段注云以事類來附讀之尚足見殷制之遺一也伊訓惟元祀十有二月乙丑說者以爲商改正不改月此書小開解惟三十有五祀正月丙子是改月矣（小開爲文王時言正月柔武小開武屬武王則曰惟王元祀一月惟王二祀一月不復言正月是周制所由定也此亦見此書之啓）二也泰誓十有三年序竟作十一年何書與序牴牾若此陸氏釋文曰惟十有三年或作十有一年後人妄看書敘輒改之其意似以十三年爲是矣而歐陽公泰誓論邵子皇極經世並以十三年爲非張南軒謂是字之訛誤竊嘗考之武王以紂四十二年庚辰嗣爲西伯（文王己卯薨武）

王已即位越庚辰改元至紂五十一年已丑爲十年竹書紀年冬十一月戊子周師渡孟津而還此年事也至紂五十二年庚寅爲十一年竹書紀年周始伐殷秋周師次于鮮原冬十有二月周師有事于上帝庸蜀羌髳微盧彭濮從周師伐殷此年事也夫數目雖易訛誤而干支實不可移唐志日度議曰竹書十一年庚寅周始伐商先儒以文王受命九年而崩至十年武王觀兵盟津十三年復伐商推日月不爲相距四年所說非是武王十年夏正十月戊子周師始起於歲差日在箕十度則析木津也云云洛謂唐志泥受命之說不審干支之遺脫近十年而反以竹書言十一年庚寅爲誤推其武王十年夏正十月戊子數語蓋喜其說之適合然竟似此次夏正十月即商正十一月戊子興師遂以滅商然者後世沿其說直謂武成之

壬辰癸巳泰誓中之戊午牧誓之甲子皆由五十一年冬十一月戊子順排而下商十一月爲周之十二月商十二月爲周之次年正月於是武王十年當商十二月原非辛卯朔者徑以爲卽武王十一年正月之辛卯朔將書敘十有一年幾成鐵據矣不知竹書所紀甚爲明晰其言五十一年冬十一月戊子乃己丑亥月二十二日（竹書係從商正）至五十二年庚寅亥月則戊子當在二十八日與子月二十八日之戊午恰對不解諸儒何爲只以戊子戊午合併順算竟使中間曠隔一年也尚書廣聽錄云武王興師伐紂國語明載其日月其興師以前則伶州鳩謂歲在鶉火日在析木月在天駟而漢律歷志從三統歷推之謂此是周十二年十二月二十八日戊子以是月歲星在鶉火月在天駟日在析木與州鳩所言合也乃越三日

而得周十三年正月辛卯朔洛按韋昭國語此段所注參以本篇二月癸亥之文均極曉暢祇因傳不明言何年以致據漢志者又誤由十二年推出十三年自武王庚辰建元數之十二年則辛卯十三年則壬辰以庚寅之終爲辛卯歲首自相符合若以辛卯之終爲壬辰歲首則十三年竟成十四年矣是故序言十一年極是而如唐志由十年推出十一年却少一年則不是書言十三年未嘗誤而如廣聽錄據漢志由十二年推出十三年却多一年則眞誤蓋此事宜以竹書十二年辛卯爲據周之辛卯正月建子卽商之庚寅十二月建子正朔旣改只有十一年庚寅改爲十二年辛卯方合若前推後推均難强應矣或曰呂氏春秋首時篇言武王立十二年而成甲子之事若不從十二年推出十三年安得有十三年夫甲子之事

如論商正則爲紂五十三年正月五日而周正則武王十二年二月五日諸書第言十年十一年十二年恒覺游移吾惟以己丑庚寅辛卯爲定則十一年改爲十二年亦自不爽然而十三年之所以不誤亦自有說竹書於紂四十二年庚辰旁注武王元年而終幽王下總結西周年數却有武王元年己卯之語由庚辰至辛卯十二年故周紀之始大書曰武王十二年辛卯由己卯至辛卯則十三年玩此曆則知廣聽錄由十二年推出十三年未合不始紀元之年而原其即位之年所以大一統也此書頌揚武烈踰於竹書紀年則其表正垂統如大匡解曰惟十有三祀文政解又曰惟十有三祀自是確據或猶疑此書之十三祀未必即泰誓之十三年然大匡之文曰惟十有三祀王在管管叔自作殷之監其事與竹書所紀命監殷遂狩於管在十二

年相合則其推原巳卯以爲十三年亦相合故泰誓每敵人疑而十三年賴此書証之爲可信三也泰誓之春傳以爲建寅之月武成惟一月壬辰傳以爲建寅之月二日而泰誓中惟戊午傳第云一月二十八日讀者幾不識一月爲何建之月矣不知周以子月二日壬辰興師十六日丙午至師漢歷志所謂丙午遣師卽此數至二十八日戊午恰合則書傳言建寅皆誤牧誓甲子昧爽傳以爲二月四日讀者又不識此爲何月且四日亦誤蓋子月小建由戊午己未歷庚申卽丑月朔日至五日甲子恰合此書世俘解惟一月丙午旁生魄若翼日丁未王乃步自周于征伐商王紂（此書從子月十六十七日說起與尚書從子月二日說起不同）越若來二月既死魄越五日甲子日辰一一不悞四也牧誓爲今文篇目與泰誓武成之爲古文者大相懸殊然事爲

克商始末故讀者亦習而不察此書克殷解尹逸筴曰殷末孫受德迷先成湯之明侮滅神祇不祀昏暴商邑百姓其彰顯聞於昊天上帝庶商之罪祇此數語與牧誓今商王受惟婦言是用昏棄厥肆祀弗答昏棄厥遺王父母弟不迪乃惟四方之多罪逋逃是崇是長是信是使是以爲大夫卿士俾暴虐于百姓以姦宄于商邑意匠畧同較諸泰誓三篇詞重意疊一則曰商罪貫盈再則曰穢德彰聞誣紂幾非人類不亦見古文之不可信乎五也武成自蔡氏考定後歸氏有光只移厥四月哉生明至受命于周一段在萬姓悅服下說者咸善之不知丁未係建卯之月十九日庚戌係是月二十二日蔡氏移既生魄一節於前則仍是卯月十六日如歸氏祇照舊本則既生魄須是辰月十六日方通此書世俘解時四月既旁生

魄越六日庚戌若翼日辛亥越五日乙卯較尚書武成多記數日事然却未及下月與竹書夏四月王歸于豐饗于太廟命監殷遂狩于管并不紀五月事相合六也大誥下有微子之命卽繼以康誥是武庚管叔尚書未嘗紀也（康誥前亡歸禾嘉禾二篇皆非言武庚管叔事）微子之命序云殺武庚蔡仲之命經言致辟管叔于商注致辟誅戮之也此書作洛解云降辟三叔（降辟與尚書致辟不同說見本經本篇）王子祿父北奔管叔經而卒可見成王周公無殺武庚誅管叔之事（蔡仲之命乃古文篇目故不可信）七也多士爲誥殷遺之文其遷於洛邑人盡知之矣此書作洛解云俘殷獻民遷于九畢不識九畢爲何地本篇亦詑無遷洛之詞因思多士篇言移爾遐逖自殷至洛何以言遐逖惟畢皆近豐鎬之地故曰遐逖耳再豢以比事臣我宗多遜句當以近于豐鎬之畢爲是下文

云今朕作大邑于兹洛明是移於遐逖之後之語則當日或係一遷再遷或是所遷非止一地尚書所言爲一事此書所言又一事足相參考八也竹書成王五年遷殷民于洛邑遂營成周七年周公復政于王此書九畢與洛邑異而致政又在營成周前竹書成王七年召康公如洛度邑周文公誥多士于成周遂成東都十四年洛邑告成尚書多士篇誥多士則在洛邑既成之後三書互証頗難疏暢特記之以待博洽多士多方皆周公本成王意而誥之此書商誓解皆武王之言可見殷遺不靖已在武王意料中克殷後六年並非漠不關心者參以史記衛世家爲武庚未集恐其有賊心乃令其弟管叔蔡叔傅相武庚以和其民數語意理益覺昭著九也召誥爲成王命召公營洛之事洛誥則周公遣使告卜及成王命周公留治洛之事未有知爲武王之意者此書度邑解前言王乃升汾之阜以望商邑末言自洛汭延于伊汭居陽翟因其有夏之居我南望

過于三塗北望過于喬嶽丕願瞻過于河宛瞻于伊洛無遠天室其由兹曰度邑是宅洛之意武王已定矣王伯厚曾据史記謂宅洛者武王之志成王周公成之獨不思史記乃本此書乎十也按成王時洛邑非武王時故址另有辯見擴訂下此書與詩書分詳略靈臺辟雝菁莪棫樸詩之頌文王者至矣此書概不之及伐密伐崇伐昆夷詩極誇整旅之烈此書武稱大武大明武小明武四篇却不言其事而獨詳於先一層以見武備之修於總一層以見戎經之著又統括之曰民之望兵若待父母允文解依然孔邇之意也武王十三年以前之侯度詩書均未有敷敘者此書柔武解爲武王元年即云以德爲本以義爲術以信爲動以成爲心以決爲計以節爲勝則大綱已具矣其於商也小開武解余夙夜忌商不知道極敬聽以勤天命酆謀解王在

鄠謀言告聞王曰嗚呼商其咸辜維日望謀建功謀言多信今其如何㝛公曰時至矣乃興師循故寤儆解王曰嗚呼謀泄哉今朕寤有商驚予欲與無則欲攻無庸以王不足戒乃不興憂其深矣周公曰天不虞周驚以寤王王其敬命論及商事祇此三篇然皆恪守臣節並無聞于之意一則曰維在文考之緒功柔武再則曰維文考恪勤戰戰大開武三則曰在我文考小開武四則曰監于列辟寤武穆猶然服事之忠也克殷以後尚書只有洪範旅獒二篇六年間發政施仁於何考証此書大匡文政大聚足見武王之反商政政由舊者如此商誓度邑亦見武王之思深慮遠覺大誥所謂不可不成乃寧考圖功不敢不極卒寧王圖事者非徒推原之論又如尚書不言成王嗣服而有顧命康王之誥此則成王有五權成開皇門大戒四篇

康王則置焉尚書成王有成王政將蒲姑等篇此則以作洛當之尚書有立政周官此則以官人當之尚書有無逸此則以本典王佩周祝等篇當之尚書有呂刑在穆王時此則嘗麥在成王時尚書有君陳畢命冏命此則有祭公芮良夫尚書有旅獒賄肅愼之命此則貺之以王會凡此等處乃作者巨眼覷定自命千古之計蓋播諸聲詩朝野習誦載諸國史縹帙重韜更何須掇拾乎詳其所略略其所詳後有作者能無取法乎此

此書與群經相印証如明明崇禹生開世俘轡之柔矣太子晉之於詩明堂月令之於禮記大聚職方王會之於周官經其顯然者洪範言五行皆係相生相應未嘗言其相克而周祝解云陳彼五行必有勝天之所覆盡可稱注言五行相勝以生成萬物盡可稱名之也由是解河圖洛書者遞推遞

衍義益無窮矣春秋時月聚訟不休而周月解云改正異械以垂三統至於敬授民時巡狩祭享猶自夏焉此不可得其大要乎嘗麥解云維四年孟夏王初祈禱于宗廟乃嘗麥于太祖嘗麥而曰孟夏則時之不改明矣大開解云維王二月既生魄二月稱王則知春王正月非聖人之創例也其於四書也程典足以見文王服事之心大匡文傳足以見文王治岐善養老之政文酌尤足以見文武布在方策之九經而且爲禁大聚開望文傳述載籍者未詳聲就復與太子晉紀地輿者猶缺是亦足以資淹博也

或問此書果一無可議乎有議其好排叠數目至有文酌大武酆保大開大開武小開武寶典酆謀武穆大匡指後大匡文政五權成開大戒十四篇之多詞多晦悶義難强通竊謂姬公手定周禮其中或以三或以六或以九

或以十二不可殫述至匠人以九起數遂人以十起數且連篇累牘矣何疑於此書有議其命名無所取者如程寤即周禮之所謂寤夢惠定宇說而遂有寤儆和寤武寤無數名寤者文開大約言文王開周之基而遂有九開保開大開小開大開武小開武成開無數名開者文王之書多以武名武王之書號武者有似其謚有似武略程典寶典本典同一稱典而詞旨各殊殷祝周祝同一稱祝而義例迥别是皆難以揣測者竊思墨子引太誓有大明去發二篇併太誓爲三梅賾誤將大明之文屬於太誓上篇又誤將去發之文分入中下二篇然則稱太誓大明去發不如後世之稱泰誓上中下爲尤愜而太誓大明去發之號却係秦火以前也即此類推古書之名不可解如此疑世俘者以爲馘魔億有一萬七千七百七十有九俘

人三億萬有二百三十丗論武王不若是酷而誅殺以億萬計天下尚有人否予曰史記曾言白起夜阬秦降卒四十餘萬人一夜如此則七國之際絶人類矣其然乎其不然乎又謂禽虎二十有二猫二麋五千二百三十五犀十有二氂七百二十有一熊百五十有一羆百一十有八豕三百五十有二貉十有八麈十有六麝五十麋三十鹿三千五百有八紂囿雖大安得如許之多予曰孟子不嘗言驅虎豹犀象乎如疑其過多則書言百獸率舞以茅茨土階之朝安能容其蹌蹌耶蓋此二事亦以揚詡太過而作者蔽於傳聞異詞耳無足病也疑王會者以爲西旅僅貢一獒召公遂作書以訓王如王會所陳若是侈靡召穆公安得無一言以諷諫予曰讀書之迂竟迂至此夫王心節儉與方物底貢各自有經忠臣格君與國

家會典兩不相涉禹菲飲食者也惡衣服者也而禹貢一書所以爲飲食衣服之豪奢者禹亦安所用之倍如疑王會之說則禹貢亦僞書矣疑太子晉者以爲詞誕而陋予曰不記其緱嶺吹笙而記其與瞑臣論古此作者卓識何陋之有蓋子晉慧而不永於年孔子且歎曰惜乎其殺吾君也則列國卿士大夫追慕悼惜更當何如其著此篇當亦如思昭明太子而爲之建文選樓耳至謂此書以一朝之典册不宜專記師曠之問答巨細稍爲失倫然所重在太子晉不在師曠兩漢以來戾太子隱太子亦何嘗没於載記乎則此書即其權輿矣

集說參錄朱氏經義考盧氏抱經堂本及陳氏紀年集証

左傳正義襄公二十六年 漢書藝文志無周書篇目當是孔子删書之餘其詩云馬之剛矣轡之柔矣馬亦不剛轡亦不柔志氣麃麃取與不疑其文殆非尚書之類也按漢志明言周書七十一篇且孔氏與顔師古同時博洽亦相等師古注漢書曾言周書與尚書同類劉向所奏有七十一篇而此傳正義以爲無周書篇目何也當是言自度訓至器服等篇名無一與百篇中周書相同者耳不然則終不可解也

劉知幾曰周書與尚書相類卽孔氏刊約百篇之外凡爲七十一章上自文武下終靈景其有典雅高義亦有淺末常說殆似後之好事者所增益也至若職方之言與周官無異時訓之說比月令多同斯百王之正書五經之别錄也

晁公武讀書志汲冢周書十卷晉太康中汲郡與穆天子傳同得晉孔晁

汪蓋孔子刪採之餘凡七十篇古者天子諸侯皆有史官惟書法信實者行於世秦漢罷黜封建獨天子之史存然史官或怯而阿世貪而曲筆虛美隱惡不足考信則儒學處士必私有記述以伸其志將來賴之以證史官之失其宏益大矣以司馬遷之博聞猶採數家之言以成其書況其下者乎亦有聞見單淺記錄失實胸臆偏私褒貶弗公以誤後世者在觀者愼擇之而已

洪邁曰周書今七十篇殊與尚書體不相類所載事物亦多過實無所質信唐太宗時遠方諸國來朝貢者甚衆服裝詭異顏師古請圖以示後作王會圖蓋取諸此漢書所引天子不取反受其咎以爲逸周書此亦無之然則非全書也

陳振孫直齋書錄解題汲冢周書十卷晉五經博士孔鼂注太康中汲郡發魏安釐王冢所得竹簡書此其一也凡七十篇序一篇在其末今京口刊本以序散在諸篇蓋以倣孔安國尚書相傳以爲孔子刪書所餘者未必然也文體與古書不類似戰國後人依倣爲之者

李巽巖燾曰晉孔晁注周書十卷案隋唐經籍志藝文志皆稱此書得於晉太康中汲郡魏安釐王冢孔晁注解或稱十卷或八卷大抵不殊據此則晉以前應未有此也然劉向及班固所錄並著周書七十一篇且謂孔子刪削之餘而司馬遷記武王克殷事蓋與此合豈西漢世已得入中祕其後稍隱學者不道及盜發冢乃幸復出耶篇目比漢但缺一耳必班劉司馬所見者也繫之汲冢失其本矣書多駁辭宜孔子所不取抑戰國處

士私相綴輯託周爲名孔子亦未必見章句或脫爛難讀更須考求别加是正云

劉克莊曰汲冢書十卷七十篇與藝文志周書七十一篇合但少一篇晁子止謂其紀錄失實李仁甫謂書多駁辭按中間所載武王征四方馘億有十萬七千七百七十有九俘三億萬二百三十暴於秦皇漢武矣狩擒虎二十有二云云紂囿雖大安得熊羆如是之衆又謂凡俘商寶玉億有百萬荒唐夸誕不近人情非止於駁而已

按晁氏公武洪氏邁均以爲七十篇經義考特以李仁父劉后村爲誤者蓋因二公言闕其一耳此下如黄氏震方氏孝孺尚以爲七十解

丁黼跋曰夫子定書爲百篇矣孟子於武成取其二三策謂血流漂杵等

語近於誇也今所謂汲冢周書者類多誇詡之辭且雜以詭譎之說此豈文武周公之事而孔孟之所取哉然其間畏天敬民尊賢尚德古先聖王之格言遺制尚多有之至於時訓明堂記禮者之所採錄克殷度邑司馬遷之所援據是蓋有不可盡廢者晉狠瞫曰周志有之勇則害上不登於明堂其語今見之篇中此吾夫子未定之書也漢蕭何曰周書云天子不取返受其咎則夫子既定之後而書無此語意者其在逸篇乎其後班固藝文志書凡九家有周書七十一篇劉向云周時誥誓號令蓋孔子所論百篇之餘也以兩漢諸人之所纂記推之則非始出於汲冢也明矣惜乎後世不復貴重文字曰就舛訛予始得本於李巽巖家脫誤為甚繼得陳正卿本用相參校修補頗多其間數篇尚有不可句讀脫文衍字亦有不

容强解者姑且刻之俟求善本更加增删庶使流傳以爲近古之書云嘉定十五年夏四月十一日

王應麟曰漢藝文志周書七十一篇劉向云周時誓誥號令蓋孔子所論百篇之餘隋唐志繫之汲冢然汲冢得竹簡書在晉咸寧五年而兩漢已有周書矣太史公引克殷度邑鄭康成注周禮云周書王會備焉注儀禮云周書北唐以閭許叔重說文引逸周書文翰若翬雉又引貔有爪而不敢以撅馬融注論語引周書月令皆在漢世杜元凱解左傳時汲冢書未出也千里百縣彎之柔矣皆以周書爲據則此書非始出於汲冢也按晉束皙傳太康二年汲郡得竹書七十五篇其目不言周書紀云咸寧五年左傳後序云太康元年當考左傳正義引王隱晉書云竹書七十五卷六十八卷有名題七卷

不可名題其目錄亦無周書然則繫周書於汲冢其誤明矣

又曰周書謚法惟三月既生魄周公旦太師望相嗣王發既賦憲受臚于牧之野將葬乃制作謚今所傳周書云維周公旦太公望開嗣王業建功于牧之野終葬乃制謚所載不同蓋今本闕誤文心雕龍云賦憲之謚出於此

又曰周書史記篇穆王召左史戎夫取遂事之要戒言皮氏華氏夏后殷商有虞氏平林質沙三苗扈氏義渠平州林氏曲集有巢有鄶共工上衡氏南氏有果氏畢程氏陽氏穀平阪泉縣宗元都西夏績陽有洛諸古國名多傳記所未見

又曰王會言堂下之右唐公虞公立焉堂下之左殷公夏公立焉唐公虞

公樂記所謂祝陳也殷公夏公樂記所謂杞宋也然則郊特牲言尊賢不過二代其說非矣

黃震曰汲冢周書七十篇自度訓至小開凡二十三篇皆載文王遇紂事多類兵書而文澀難曉自文儆至五權凡二十三篇載文王薨武王繼之代商事其文間有明白者或類周誥自成開至王會十三篇載武王崩周公相成王事間亦有明白者多類周誥嗣是有祭公解史記解穆王誓戒之書也職方解繼之與今周禮之職方氏相類芮良夫解訓王暨政臣之書也王佩解亦相類自周祝解至銓法解不知其所指終之以器服解而器服之名多不可句

黃玢序曰古書之存者六籍而外蓋亦無幾汲冢周書其一也其書[illegible]卷

自度訓至於器服凡七十解自敘其後爲一篇與書之有小序同孔晁爲之註太康中盜發汲郡安釐王冢而得之故繫之汲冢所言文王與紂之事故謂之周書劉向謂是周時誓誥號令孔子刪錄之餘班固藝文志亦有其篇目司馬遷記武王伐紂之事正與此合然則兩漢之世已在中秘非始出於汲冢也觀其屬辭成章體裂絶不與百篇相似亦不類西京文字是蓋戰國之世逸民處士之所纂輯以備私藏者性命道德之幾微文武政教之要略與夫謚法職方時訓月令無不切於修己治人雖其閒駁而不純要不失爲古書也郡太守劉公廷幹好古尤至出先世所藏命刻板學宮俾行於世上不負古人之用心下得以廣諸生之聞見其淑惠後人不旣多乎至正甲午冬十一月

方孝孺曰汲冢周書十卷七十解或謂晉太康中出於汲郡魏安釐王冢故曰汲冢以論載周事故曰周書宋李燾以漢司馬遷劉向嘗稱之謂晉時始出者非此固是矣劉向謂其書爲周書即孔子刪定之餘者則非也何者其事有可疑也畧舉其大者言之武王之伐殷誅其君弔其民而已其世俘篇乃曰馘魔億有十萬七千七百七十有九俘人三億萬有二百三十夫殺人之多若是雖楚漢之際亂賊之暴不若是酷而謂武王有是乎所誅以億萬計天下尚有人乎周公之用人不求備於一人其官人篇乃曰醉之以酒以觀其恭縱之以色以觀其常臨之以利以觀其不貪濫之以樂以觀其不荒以詐術陷人而責人以正雖戰國之世縱橫權數之徒所不爲曾謂周公而以此取人乎王者之師禁亂除暴以仁義爲本其

大武篇則曰春違其農夏食其穀秋取其刈冬凍其葆不仁孰甚焉其大明武篇則曰委以淫樂賂以美女不義孰甚焉此後世稍有良心者所不忍爲曾謂王者之用兵乃若是乎其爲文王之言曰利維生痛痛維生樂樂維生禮禮維生義義維生仁此稍知道者所不言曾謂文王大聖人而爲是言乎其文傳篇曰有十年之積者王有三年之積者霸霸之名起於衰世周初未嘗有之謂王者不以道德而在乎積穀之多是商鞅之徒所不言而以爲文王之言可乎其他若是者甚衆及載武王伐商之事往往謬誕與書不合由此觀之決非周書謂孔子删定之餘者非也其中若謚法周月時訓職方之篇又與爾雅月令間有合者竊意漢初書亡隱士縉紳之流所僞著以爲周書司馬遷不察故引而用之劉向因以爲古書

耳其中芮良夫篇最雅馴其曰后除民害不惟民害害民非后惟其讐民至億兆后一而已寡不敵衆后其危哉嗚乎君子之言三復其篇爲之出涕

周洪謨曰汲冢周書文體淺露詞意疎迂無百篇渾厚沉雄氣象劉向謂是周時誓誥號令孔子刪錄之餘愚則以爲文武之道未墜於地賢者識其大者不賢者識其小者蓋周東遷之後史官隨王室以東而西土逸民私爲此書以識周先王之事固非常時左右史之所記者也其最害理者如武王伐商之日紂既自燔武王乃射之而擊以輕吕斬以黃鉞懸諸大白之旗二女既縊王又射之而擊以輕吕斬以玄鉞懸諸小白之旗又以先馘入燎於周廟夫商之與周非世讐也武王奉行天罰爲民除暴其前

徒有倒戈之勢其士女有玄黃之迎而其君又已自燔矣乃擊其尸梟其首以燔於廟雖伍員執仇於楚不若是之慘也而謂武王爲之乎昔司馬遷之作周紀不取泰誓武成之言而乃有取乎其說亦可謂陋矣孟子於武成惟取二三策耳使其見此則將何以取之哉又王會篇言成周之會四夷貢獻異物甚多夫西旅貢獒未爲奇也而召公猶以爲非所當受今乃殫四表八荒珍怪之產畢集於庭而是時召公猶在乃無一言以及之乎至於篇末又謂成湯命伊尹爲四方獻令使夷戎蠻貊悉以方物致貢此何理也學者以其先秦古書而備觀覽可也若取之以實先王之事則不可也

楊升庵慎序曰晉太康二年汲郡人不準盧紹弓云何超晉書音義不甫鳩反姓也私發魏安

釐王冢得竹書數十車其紀年十三篇王隱所作束晳傳紀年十三篇却是十二篇必有一誤易經二篇易繇陰陽卦二篇卦下易經一篇公孫段上篇盧云晉書段作段說文碫字引左傳鄭公孫碫字子石乎加切又九經字樣碫音霞云見春秋然則作段未爲非也公孫段與邵涉論易國語三篇言楚晉事名三篇似爾雅論語又似禮記師春一篇瑣語十一篇諸國夢卜妖相書也梁邱藏一篇先敘魏之世數次言邱藏金玉事繳書二篇論弋射法生封一篇帝王所封大歷二篇鄒生談天類也穆天子傳五篇圖詩一篇又雜書十九篇凡六十八篇舊作七十五篇蓋包下七篇而言然總括上文則篇數不符今改正春秋正義引王隱晉書已云六十八卷有名題矣又七篇簡書折壞不識名題竹書七十五篇除七篇殘缺外應是六十八篇而核計原文却是六十九篇考束晳傳亦如此及閱朱竹垞經義考公孫段二篇作公孫段上篇遂合六十八之數故改從之漆書皆科斗文字多燼簡斷札文旣殘缺不復詮次武帝詔荀勗撰次之以爲中經列

在祕書著作郎束皙得觀竹書隨疑分釋皆有義證此晉書武帝紀荀勗及束皙傳文也又杜預春秋集解後序亦云汲冢古文七十五卷多不可訓周易及紀年最爲分了周易上下篇與今正同别有陰陽說而無彖象文言繫辭其紀年起自夏殷周皆三代王事無諸國别也惟特記晉國起自殤叔皆用夏正建寅之月爲歲首編年相次晉滅獨記魏事至魏哀王之二十年蓋魏國之史記也文大似春秋經又稱伊尹放太甲七年太甲潛出自桐殺伊尹乃立其子伊陟伊奮令復其父之田宅而中分之師春一卷則純集左氏傳卜筮事合此觀之汲冢所得書雖不可見而其目悉具於此曾無一語及所謂周書者也盧云束皙傳又有雜書十九篇內周書論楚事則亦非此周書案漢藝文志有逸周書七十一篇盧云漢志無逸字以今所謂汲冢周書較之止缺四

篇蓋漢以來原有此書不因發冢始得也李善註文選日月遠在晉後而其所引亦稱逸周書不曰汲冢書也惟宋太宗時修太平御覽首卷列目始有汲冢周書之名蓋當時儒臣求汲冢七十五篇而不得遂以逸周書七十一篇充之耳盧云隋唐志已稱汲冢晁氏公武陳氏振孫洪氏适高氏似孫黃氏震李氏燾吳氏澄周氏洪謨號通知今古者皆未暇考盧云李燾已云繫之汲冢失其本矣升庵失考余故錄晉書及左傳後序文於此則此書當復其舊名題曰逸周書可也嘉靖壬午中秋日按七十五篇之書如紀年十三篇穆天子傳五篇圖詩一篇至今尚流傳昭著而謂宋時便求之不得乎太平御覽引紀年穆天子傳近數百事而謂當時儒臣不見汲冢書乎且紀年穆傳瑣語皆宜稱汲冢者御覽僅一稱之餘皆不然而謂以逸周書充汲冢乎升庵殊爲鹵莽

郭棐曰古書自六籍外傳者蓋少矣劉向所錄則有周書七十篇晉太康

中盜發汲郡魏安釐王冢得之所言皆文武周公及穆宣幽靈之事度訓篇曰天生民而制其度度小大以正權輕重以極明本末以立中武稱篇曰美男破老美女破舌淫圖破國淫巧破時淫樂破正淫言破義大開武篇曰其惟天命王其敬命祭公篇汝無以小謀敗大作汝無以嬖御士疾大夫卿士汝無以家相亂王室而莫卹於外尚以時中乂萬國芮良夫篇曰民歸於德德則民戴否則民讐民至億兆后一而已寡不勝衆后其危哉王珮篇曰王者所佩在德德則利民不過在敬施子在平心不幸在不聞過福在受諫基在愛民固在親賢至哉斯數言者卽壁中書奚加焉謚法解則周公之所制時訓明堂乃禮記所采王會解傳於鳥獸草木之名史記解明於治亂興亡之迹卓有可觀他篇蓋多誇詡詭譎如利維生痛

痛維生樂樂維生禮禮維生義義維生仁則非文王之謨也射之三發擊之輕呂斬之黃鉞懸之太白則非武王之烈也六則四守五示三極則非周公之訓也春蒐其農秋伐其穡夏取其麥冬寒其衣服則非司馬之法也世俘解言凡憝國九十有九馘魔億有十萬七千七百七十有九俘人三億萬有二百三十則嬴秦之暴不酷於此也官人解言設之謀以觀其智示之難以觀其勇煩之事以觀其治臨之利以觀其不貪濫之樂以觀其不荒醉之酒以觀其恭從之色以觀其常則儀衍之詐不深於此也又奚謬盭若是故或謂戰國時纂輯出逸民隱士之手然閱其云智勇害上不登於明堂則晉狠瞫稱之綿綿不絕蔓蔓若何毫末不掇將成斧柯則蘇秦引之夷羊在牧蜚鴻滿野則史遷周紀引之其書似出春秋戰國之

前抑周之野史與未可知也謂爲周之誥誓號令經孔子删定之餘則吾不敢信

胡應麟曰周書多論紀綱制度敘事之文極少克殷數篇外惟王會職方二解皆典則有法而王會雜以怪誕之文職方敘述嚴整過王會其規模體制足以置之夏商也

又曰周書卷首十數篇後序皆以爲文王作而本解絶無明據且語與書體不合蓋戰國纂集此書者所作攙入之冠於篇首也至大武武稱等篇尤爲乖謬近於孫吳變詐矣考周官終太子晉實當靈王之世其爲周末策士之言毋惑也

劉大謨曰若度訓命訓常訓文酌允文大武等解而盡謂之周書可乎若

和寤商誓度邑時訓明堂等解而盡謂之非周書可乎六經而下求其文字近古而有裨於性命道德文武政教者恐無以踰於此

姜仲文士昌序曰史以事辭勝如以事而已則自周秦以逮於今體無論繁簡辭無論工拙而是非善敗興壞之端備見於史何可廢也如以辭而已則自左氏內外傳子長孟堅二書以及於范奕陳壽而下亦各樹幟然吾以爲皆不能當左氏左氏所紀載雖斷自東遷以後而彼其時去古未遠所稱引多三代盛時微言遺事迄今讀之若揭日月而行千載其博大精深之旨非晚世學者所及固道法所存六藝之羽翼也等左氏而上之則無如世所稱汲冢周書七十一篇自劉歆七畧班史藝文志已有之而汲冢發自晉太康二年得書七十五篇其目具在無所謂周書嘗仍舊名

不得繫之汲冢楊用修太史論辨甚覈其文辭湛深質古高出左氏上後儒第因鄭謀世俘諸篇記武王謀伐殷與克殷俘馘甚衆往往夸誕不雅馴疑衰周戰國之士以意參入之然吾觀文傳柔武和寤大聚度邑時訓官人王會職方諸篇其陳典常垂法戒辨析幾微銓敘名物亦有非叔季之主淺聞之士所能彷彿者蓋文武周公所爲政教號令概見此書固不徒以事與辭勝而已也丘明氏以博物君子抒藻摛辭臣素王以垂不朽千載而下誦法素王者不能舍左氏故諸家訓詁犂然甚具而周書視左氏辭特深奧流俗畏難好易不復研覈孔晁一注寥寥及今亦頗多謬誤矣楊用修太史嘗序是書以傳觀未嘗一爲參攷讐校予讀之不無遺憾乃稍加參訂正其舛誤其不可以意更定者仍闕之以竢博聞之士說者

謂尚書篡自孔子而此逸書者劉向以爲孔子所論之餘似不足存嗟乎是書不知當孔子刪與否其旨誠不得與經並然其事則文武周公其文辭則東周以後作者不遠也蓋不離屬辭紀事而道法猶有存者謂尚書百篇而外是書無一語足傳於經吾猶疑之安得以一二駁辭盡疑其爲孔子所詘遂擯不復道哉自六藝以下文辭最質古者無如是書及周髀穆天子傳諸篇而是書深遠矣然皆殘缺漫漶不甚可讀蓋去古日遠綴文者喜爲近易故時俗之言易傳而古語日就脫誤有足歎者予既刻是書因爲敘之如此

董斯張周書克殷度邑解序曰世儒謂周書出汲冢乃克殷度邑二解載史記確爲逸書非後儒竄入者太史公去伏生不遠其辭亦近之余意以

史記湯誥及二解補伏生今文書而以古文别爲一録熙甫弱侯而在必
有賞余言者賈生書云紂已死玉門之上武王使人帷而守之大白小白
千古厚誣升庵集及金罍子已有辨余錄克殷解依史記自武王既入始
度邑解依汲冢書有一二未安者酌二書參用之以文字異同者疏其下
孔晁注周書殊草草索隱正義亦多秕僻間綴以鄙見所以便觀者也或
曰齊宣王謂臣弑其君何居應之曰發伐辛焚非弑乎疇手刃之謂哉
胡應麟三墳補逸曰春秋戰國之書亡於秦漢而出於晉之汲冢以傳於
後者厥有三焉魏紀年也逸周書也穆天子傳也紀年合乎魯史逸周書
合乎尚書穆天子傳合乎山海經非其事之合已也其文其義其體合者
往往如出一手而其粹者足以破千古之疑世以伊尹季歷而置紀年以

世俘王會而置逸周書以西王母崑崙元圃而置穆天子傳是謂舉一而廢其百夫周書迄於太子晉紀年迄於慎靚王皆春秋之末戰國之衰也浮誇之議其時如左氏且弗免至史遷之採上古其淫誕怪諧蓋不可勝道矣以二書較諸左邱司馬吾謂駁者猶未若彼之衆而粹者可與表聖賢之心跡覈皇王之軌度昭昭乎弗可掩矣

又曰汲冢三書注皆極濶畧紀年沈約周書孔晁穆天子傳郭璞並不足覽觀沈注紀年春秋史記不能引孔注周書亦然郭注差詳然景純之釋山海經元論博議錯出其間穆天子傳亡一也三子皆六朝名雋胡以疏漏若斯余嘗欲爲之薈萃箋解并裒其語之逸於本書而存於他籍者及瑣語諸篇本書全逸而他籍僅存者合爲一編以貽同好此稍論其概云

胡元瑞之說上已據經義考採錄矣又從陳氏紀年集証錄此二條蓋因此條兼論三書與專條異故分著之

按自宋以來未有考正全書者惟王氏應麟有周書王會解一卷董氏斯張有克殷度邑解二卷不過就其所見略為疏釋而已至其闕脫則皆置之矣胡氏應麟欲採其書之逸於本經而存於他籍者薈萃成編較諸家之抱殘守缺特有深意吾能不撫卷嚮往耶

國朝汪士漢跋曰孔子刪書斷自唐虞下終秦誓其書百篇無所謂七十一篇也考班史藝文志周書七十一篇劉向云周時誥誓號令蓋孔子所論百篇之餘今之存者四十五篇矣其間時訓明堂見諸記禮克殷度邑援自史遷是或為周之逸書或經秦火之餘而司馬班劉所見者仍有四十五篇初不因發冢而始有也汲冢則自晉太康二年汲郡人發魏安釐

王家得竹書數十乘其目七十五篇無所謂周書者楊用修太史云宋太宗修太平御覽始列汲冢周書或宋儒臣求汲冢七十五篇而不得卒以周書七十一篇充之愚按班志載七十一篇僅存四十五篇今之存者其目則七十篇所存則五十九篇月令一篇洛依盧本以呂覽補之今存者仍六十篇意周逸書七十一篇秦火亡其二十六汲冢則得書五十九厥數較增於昔故以汲冢周書名之耶抑汲冢曾存是書偶未列其目耶是未可知先儒云六經而下求其文字近古有裨於性命道德文武政教者無踰此書則此書不可以不傳今仍其舊名以俟廣覽博搜之君子云康熙己酉二月春分前二日

閻百詩若璩曰李氏燾陳氏振孫謂周書戰國人撰予考諸戰國策荀息引周書曰美女破舌美男破老蘇秦引周書曰綿綿不絶蔓蔓若何毫毛

不拔將成斧柯左傳狼瞫引周志曰勇則害上不登於明堂皆見七十篇內則此書不惟高戰國且突出春秋前矣見尚書古文疏証卷五上

王讜跋曰右汲冢周書十卷通考引晁氏陳氏及巽巖李氏容齋洪氏後村劉氏諸家論説備矣不若王厚齋先生書最爲詳括按困學紀聞云漢藝文志周書七十一篇劉向云周時誥誓號令蓋孔子所論百篇之餘隋唐志繫之汲冢然汲冢得竹簡書在晉咸寧五年而兩漢已有周書矣太史公引克殷度邑鄭康成注周禮云周書王會備焉注儀禮云周書北唐以閭許叔重說文引逸周書文翰若暈雉又引貜有爪而不敢以撅馬融注論語引周月令皆在漢世杜元凱解左傳時汲冢書未出也千里百縣鬻之柔矣皆以周書爲據則此書非始出於汲冢也按晉束皙傳太康二

年汲郡得竹書七十五卷六十八卷有名題七卷不可名題其目錄亦無周書然則繫周書於汲冢其誤明矣其於玉海則以周書周史記合爲一條引劉知幾史通云周書與尚書相類即孔氏刊約百篇之外凡七十一章上自文武下終靈景其有典雅高義亦有淺末常說殆似後之好事者所增益也至若職方之言與周官無異時訓之說比月令多同斯百王之正書五經之別錄尤得此書要領下所援据考証猶数十條文多不錄而通考未見稱引由厚齋先生與馬氏皆宋末人並時著書二家書至元時始先後刊行當時固未及見也但玉海本漢志以周書入經部而通考則從隋唐志以周書入雜史此則當從其朔也叢書原本仍以此書列別史今訂正見王氏重刻漢魏叢書

按王氏之訂正蓋謂以經翼易別史非訂正周書也然列周書於易林等書後得毋以淫爲翼耶此跋旣詳引王伯厚說而仍名汲冢亦誤

丁浮山如金曰孟子歷敘存之於文王則曰視民如傷望道未見將於何徵之此書三訓言順天因民極其詳審篇中未嘗道及文王而序以爲皆文王作意當日必有煌煌鉅製傳示後王後賢歲久殘闕特賴此書之存足見文王與堯舜之敕天命亮天工禹之祗台不距湯之建中綏猷眞同條而共貫郎以証孟子之言默相印合作者開宗明義標此三訓是所謂賢者識其大者也安可以野史目之哉

又曰吾讀商周之史嘗慨武王伐紂之舉其心不得大白於後世讀此書後大匡解云順維敬敬維讓讓維禮大聚解云殷政總總若風草有所積

有所虛和此如何其書皆在克殷之後而詞旨和平竟若未嘗勝殷然者
此樂之發揚蹈厲古哲以爲非武之志也夫紫陽書法蜀漢未亡卽劉氏
未終例諸商周之際武庚未滅則商祀未泯顧安知不忍商祚之絶欲延
湯緒之長本武王之夙心無待論世者爲興滅繼絶之書法耶其伐紂也
非有利於天下正足以對紂其勝殷也不自以爲得天下更足以對成湯
讀此書須向此層領取
又曰此書言文王者闕八篇言武王者闕二篇今就現存者考之文武成
王皆諮諏於周公爲多周公之對文王者開口則曰敬天之命對武王者
開口則曰法我文考告成王者總不外於敬天法祖可見數聖人心源本
一而周公初不遜於文武也孔子稱文王爲至德稱武周爲達孝孟子以

文王接湯之傳於武王則曰反之又曰身之於周公則言其相武王而天下一治均夫嘗有所優劣要之武周必統於文王周公又統於文武故孟子敘道統言文不言武表見知及望散不及周公也

又曰或問武王在武庚不敢叛管叔亦不敢以武庚叛信乎曰非惟不敢叛更不忍叛也武王無問于神器之意無帝制自爲之迹武庚信之十一年之恩貞益篤六年之奉戴嗣君即管叔亦信之故曰不忍叛也然則武王一崩而遂叛何也曰惟其信武王遂致叛成王也蓋武王既没武庚必先疑成王之未必克繼武王即使成王如武王亦難必周公之果輔成王使終爲武王管叔晉類其隱忌之直刺其隱流言於國曰周公將不利於孺子蓋以武庚爲孺子明言周公有剪除之意於是武庚以爲果不出吾

之所料殷民亦曰吾新君其不終於位耶吾先王其不克長享有殷耶相煽以動其勢洶洶故竹書紀年於此直書曰武庚以殷叛此書成開解云成王元年周公曰今商孽競時逋播適與相合若如諸儒謂尚書不言管蔡爲親者諱便非當日情事矣然則管叔其無罪乎曰武庚管叔各懷一心武庚不信成王而爲先發制人之舉管叔擣武庚以傾周將爲蟜蚌相持利在漁人之計若謂管叔流言欲間周公無論成王之信周公周公之感成王非訛言所能動即使成王果不用周公而武庚終不叛何以撼周室此又非當日情事矣此書作洛解云周公召公內弭父兄外撫諸侯則管叔非專間周公與武庚非因管叔而叛均可想見

按以上諸說其體有爲序者有爲跋者有爲著錄者有論纂書而此為

專條者其旨或稽其書之所自出或議其言之不足信或贊其書之近古非秦漢以後所能及或論其純雜相半貴慎觀而節取似宜分類裒輯方便省覽但所採恐有遺漏若過爲區別反嫌瑣屑故本朱氏經義考古文諸說之例第按往哲之時世挨次連編用俟續錄

箋曰五經博士孔晁晉書無傳政難考其爲人惟册府元龜稱晁曾撰尚書義問阮孝緒七錄云三卷隋志注云鄭元王肅及孔晁撰朱氏經義考云唐志有尚書答問三卷當即隋志義問孔晁採鄭康成及肅參以己見者也又注春秋外傳國語隋志云十一卷宋庠國語敘錄云晉五經博士孔晁注春秋外傳國語凡二十卷唐志又作二十一卷及周書蓋亦博雅士也所作周書注自宋以來李巽巖以爲章句脫爛難讀姜仲文以爲孔氏一注寥寥及今亦頗多繆誤胡元瑞以爲三子皆六朝名儒何以疏滑若斯兼論紀年穆天子傳注故云三子董斯張以爲孔氏注殊

草草皆識其失餘則鮮有優劣之者愚謂其注固難曲爲讚譽然要足以羽翼乎經當元風偏扇之餘爲學窮乎柱下博物止於七篇而晁獨馳思墳典肆力槧鉛俾數千年稱先則古之士重有賴於是編焉不綦偉與按宋鄭國公宋庠敘國語會稱晁曰先儒則晁自足與漢之孔安國唐之孔穎達後先輝暎而　國朝孔繼汾輯闕里文獻考仍不爲晁立傳予茲詳其事蹟庶他日志闕里文獻者其以予言爲嚆矢也夫

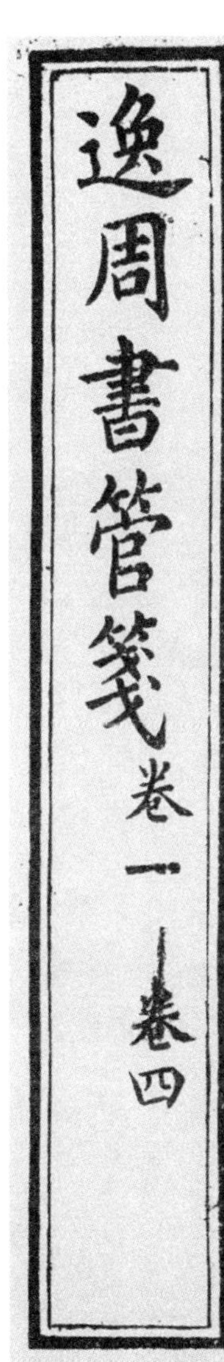
逸周書管箋 卷一—卷四

此書曰逸曰汲冢均非漢書藝文志舊稱然均爲宋元以來之通稱至國朝修四庫全書題曰逸周書遂爲定號號既定則世益珍重讀者又苦無佳本嘗考宋之李燾陳正卿元之劉貞明之章蘗吳琯卜世昌楊慎俱經刊刻大約殘闕處前後相因如太倉陳米訛誤處彼此互異如多歧亡羊後儒奚賴焉洛自嘉慶甲子棘闈報罷欲爲汗漫遊忽有從陸放翁學詩之夢由是究心韻語與宇內風人騷客迭相唱和頗不以科名爲念矣既而讀禮家居諸子姪仍以經義相質從弟至臣宗周特求校此書以資誦讀洛亦愴然念本生考之命校正而未克卒業也急取周氏光霽本訂其訛補其闕脫凡若干條越丁卯挈眷北上購盧紹弓先生抱經堂本以相勘蓋同者半異者半而不及者亦半盧氏本號稱最善然往往以訛脫

難曉語鶻突過去猶未足以厭予望也維時僑寓穀邛閉門謝客課虛無以責有搜荒邈以求安自覺有穿天心出月脇之致已巳庚午間遂繕清本弆諸行篋苟遇博古名流必出以就正偶有續解隨附卷端積久而增於前又如許矣然未敢遽以問世也道光癸未季弟如金來署見而嘆曰弟亦有校本已自謂無有遺義今讀兄所校者反復勝也洛曰我與若皆自謂無遺而遺者竟各不同安知所遺不尚多乎又復冥搜互採去短存長踰兩年而後定嗟嗟以洛之鈍拙於此數卷書且歷十餘年四易其稿始能得什一於千百綴聞之士能無訕笑乎遂名之曰逸居書管參將授剞劂氏爲紀其校書之顛末如此道光乙酉立冬日瑤泉丁宗洛識於沸上官舍

逸周書管箋目錄

歷朝校訂姓氏

宋　李　燾　王應麟　陳正卿　丁　黼

元　劉　貞盧云即黃玢序中所稱劉廷幹也大戴禮亦其所梓鄭元祐序稱海岱劉貞廷幹父以中朝貴官出爲嘉興路總管

明　章　蘗　程　榮　吳　琯　卜世昌　何允中　胡文煥

鍾　惺　楊　愼　姜士昌盧云以上俱有刊本　董斯張有校刻克殷度邑二解共二卷

國朝

新安汪士漢隱侯　元和惠　棟定宇盧云惠氏曾見宋本幷雜取他書相參考書中稱惠云者是也其援引乃考士奇之說則稱半農之號以別之

吳江沈　彤杲堂　嘉善謝　墉金圃

江陰趙曦明敬夫　臨潼張　坦芑田

江寧嚴長明東有　金壇段玉裁若膺

仁和沈景熊朗仲　　仁和梁玉繩曜北

錢塘梁履繩處素　　錢塘陳　雷省衷

餘姚盧文弨召弓　　金谿周光霽曉軒

今校姓氏

濟寧陳　鈞星垣　　天門周文炳笠塘

海康丁宗增海山原名宗閭洛同懷兄　　海康丁如金浮山原名宗閭洛同懷弟

南通州顧　緗印之　　連州張大業立庵

逸周書凡

一校書經爲主注爲輔經不可通求之於注注不可解求之於經經注俱難依據然後援引他書脫者增之衍者刪之闕者補之譌者正之苟可共信何妨徑爲點定然經必萬不得已而後竄易注則彼此挪移增刪字句以期明晰若稍未醒豁無論經注俱只夾寫本文之下用示存疑此外足備一說及續增意解不及隨文附紀舊列全書之後爲外篇今則列上方低一格以別評語仍以外篇冠之此予重校此書之大凡也

一盧氏所校頗稱善本今則細心參訂盧氏援據諸書有直舍此而從彼者如武順解盧氏引博物志將左右天地等字互易今仍本經克殷解盧氏據史記增膺更大命三句今從盧氏但盧氏有取決於韻而欲改

經文者如小明武解枝葉代興欲改興爲舉與上主叶周祝解澤有獸而焚其草木欲去木字與下巧叶今則斷不敢從又盧氏校語均在各段注後今緣有所挪移如常訓解言行權當有時如此注舊在政不成句下大匡解經文鄉正保貸句爲注隔連上段今俱移易故校經經後校注注後文繁則詳於句下以便省覽至凡訛衍闕脫之處或稱盧改或曰從盧改或云盧從某本既不沒諸家之善亦足見盧氏矜慎之心此予據盧本校此書之大凡也按盧本蓋從賈公彥周禮疏之式今因校訂頗多若相隔過遠不便省覽故爲此式元吳師道補注國策已啟其端

一是書在嘉慶己巳庚午間已繕定本祇因旅資屢匱宦囊又澁未及授梓越道光甲申四弟浮山如金在署亦有校本乃合而訂之如糴匡之大馴鍾絕大戒之亶位輕服豁然打破疑團克殷之躬擊斬折世俘之

負懸炯然照以慧炬而且旁搜博討爲疏証提要集說三卷於前爲摭訂一卷於後歷三年餘而後定全書雖較舊本增十之五六仍稱十卷以符隋經籍唐藝文之數此予與弟共校此書之大凡也

一從來校此書者訂正無幾而訛謬轉增相襲相沿閱數百年而殘闕益甚茲則悉心校對使刻書不爲流毒之漸又依五經旁訓辨體之式詳其句讀文政之開宗循王注本在循字下大戒之予惟重告爾庸注本在爾字下今皆移正後大匡之汝其夙夜濟濟有注在汝其下祭公之朕魂在于天昭王之所有注在于天下其語極爲粘綴難以刪併故從舊正其段落度邑篇中間移一段於武儆原宜照尚書康誥洛誥起數行之例但因校語太繁恐留目不淸故直作正文使讀者心目朗然若有難曉等句不分經注概用尖圈別之又如克殷世俘二篇射擊斬折負首懸旂等注大乖義理與他處詞旨紕繆迥異故直刪去免致惑人若如大開武

篇欲以毀送之商客酆謀篇言可伐紂之時至則用簽抹使人纔一展卷便自了然此予刻此書之大凡也

瑶泉宗洛謹識

嘉慶辛未仲兄公車歸以一校本逸周書授從弟守之宗曾曰此汝叔兄自都門寄以示汝者讀畢兼示至臣吾攜而先讀之見其博採諸家以墨書自得新義以朱書蓋兄舊序所謂朱墨相隨遂節爲箋者也時吾因朱書尚多缺急自校正將以別張一軍焉未幾省兄濟署讀其手繕定本昔日朱書所未舉者已爲墨筆所具詳吾之喜其得於朱書所缺外者竟亦無幾且滋愧矣雖然兩年校勘得一義如雲破月來成一語如風回綺合蓋不勝稽古之樂者回憶守之至臣兩弟均不獲卒讀而吾幸有與於此書之成其喜不更甚耶浮山如金謹識

按洛三訓皆從源頭說來前兩訓曰天生民是王者所以奉天出治也第三訓天人對舉則帝王師儒皆貴有盡人合天之學矣

浮山云周家父子兄弟俱有聖賢之德又操制作之才故心法治法特隆千古三訓似專言治法而心法即具其中如中正性命道德仁義敬和忠信等字千古聖學之精微一一拈出不但

逸周書管箋卷一

晉五經博士孔晁注

海康　丁宗洛　箋

度訓解第一

天生民而制其度。注聖人爲制法度、按經文制度只就自然言猶中庸言等殺也卽度小大以正一段亦係懸空著論至明王以下始說到。聖人耳注欠斟酌度小大以正權輕重以極明本末以立中。注制法度、所以立中正、立中以補損補損以知足。注損益以中爲制、故知足也、□爵以明等極。洛按左隱五年傳有明貴賤辨等列語據以補此闕處當是辨字廣韻般爵三等周爵五等三等法三光也五等法五行也故曰辨爵以明等極浮山校作序爵本中庸注極中也、貴賤之等、尊卑之中也。極以正民。正中外以成命。注內外正則大命成也、正

可以見文武并可以見羣聖人

洛按上由度邇推到政其間夾以中正命極等字總見得是天理之當然又由順政推出知人則知明處當之治成矣

洛按知人之下詳言好惡且甚言好惡至於犯上便見得當有所欲與聚所惡勿施之政大旨與大學平天下章同

上下以順政【注】順其政教、政以內□□□自邇

按此八字跟上文正

中外以成命二句來宜作政以內成始成自邇則上下俱浹洽

彌興自遠遠邇備極終也

精微

精舊闕據下二語補

補在知精分微在明

知精舊闕據注補

【注】知精則善補損、微分、理有明故、

則善補損舊闕今依經旨補

明王是以敬微而順分分次以知和

按此分次就君言分次以知哀樂而後能知民之好惡猶大學言絜矩先以致知誠意也

知和以知樂知樂以知哀哀樂以知

哀樂或作知哀且連下慧字爲句誤今從周本以古通已

慧內外以知人

按此二句是下文無樂非人無哀非人之由

【注】慧者甚明所以知人

凡民生而有好有惡小得其所好則喜

喜舊訛善盧從沈改

大得其所好則樂小遭其所惡則憂大遭其所惡則哀【注】言其性之自然、凡民之所好惡生物是好死物

洛按偏行數句上不可不順民之好惡也

是惡。民至有好而不讓。不從其所好。必犯法。無以事上。民至有惡而不讓。舊無而字焰上層句法增不去其所惡。必犯法無以事上。注不讓則爭。爭則必犯法矣、按注係兼釋舊在上層之後今移此偏行於此。尚有頑民。而況不因以去其惡。而得其所好。不因以二字舊是曰以可今改倒盧本從沈氏刪改作不去其所惡而從其所好民能居乎。注偏、謂兼行好惡也。能居乎、言不能居也、居下舊有好字從盧刪按偏行謂好惡之公也居猶安也若不口力。何以求之。注言力爭也、按力爭乃透起下文爲訓經文口力當是强力力爭則力政。力政則無讓。按古字政與征通用但此處作征只是求其必得意非戰鬥也無讓則無禮。無禮、雖得所好。民樂乎。注爭焉不樂、若不樂。乃所惡也、按此二句不類經文疑係注語凡民不忍好惡。不能分次。按此分次次就民

不忍數句民之好惡不易平也兩面夾來總見爲政貴乎公好惡

洛按此段總完得首段極以正民正中外以成命正上下以順政三句意

言語意猶書言惟天生民有欲無主乃亂【注】忍爲持之、堅次、次第、爲古通謂注多通用持之堅次舊作持久堅以浮山校作堅以持久洛按久堅二字犯重故改久爲之次係盧改不次則奪奪則戰戰則何以養老幼何以救瘉疾死喪何以胥役也【注】胥相也、明王是以極等以斷好惡極等當云明等極教民次分按此是以君之好惡正民之好惡次分則好惡正矣揚舉力竟揚舉舊作注盧從卜本定爲正文盧又云力竟疑力競之訛競盛也强也優爲下三事則揚舉之也浮山云程典解有力競以讓之文與此力竟同任壯養老長幼有報【注】壯者任之、老者養之、幼者長之、使相報、此謂力竟也、民是以胥役也夫力竟非衆不克衆非和不衆【注】和之以懷衆、和非中不立中非禮不慎禮非樂不履明王是以無樂非人無哀非人按此二語當卽樂以天下憂以天下之意【注】言明

洛按賞罰即王者之好惡上文言順民好惡然非一味姑息遂成政體故必有賞罰但賞罰亦當得中不可或多或少此便是愼德以爲絜矩之本意

外篇 既無䢃字正宜改作厲以便口誦浮山云之初疑衍初哉始也見爾雅釋詁民疇可以成終難于圖始治厲初哉言其始皆以爲厲治化則順

王所樂所哀無非人也、按注語雖是須照經文然須作無非因人語意方備人是以衆人衆、賞多罰少政之美也罰多賞少政之惡也罰多則困賞多則乏乏困無醜困舊訛因盧從沈改教乃不至注醜謂所厚盧疑䏔所薄二字洛按易漸卦離羣醜也注醜類也是故民主明醜以長子孫趙云民主當作明主洛按宜直作明主醜民蓋醜乃活字子孫習服鳥獸仁德注歸其仁德、土宜天時百物行治行疑循訛言百物循之以治注土之所宜、天時所生、皆行其物、行亦循訛言循其物自然之性治之初䢃初哉盧云䢃字無考趙疑即下文厲字之訛治化則順注明醜以使之、所以成順者也、注原在無順非厲句下經傳不相比附故移此是故無順非厲按此當是安不忘危之意長幼成而生曰順極注言使小人大人、皆成其事上之心而生其義、順

不復以爲厲矣

浮山云立明王以順之曰是推原天意也後明王昭命以命之曰是宣布王言也中間明王昭天信人以度功地以利之是約舉其事故無曰字章法極佳

之至也

命訓解第二　命兼理數言禍福數也福由於德義禍由於不德不義則理也

天生民而成大命。【注】賢愚自然之性命也、命司德正之以禍福。【注】司主也、以德爲主、有德正以福無德正以禍、禍下舊有然字今刪立明王以順之。按此當即作君作師其功上帝意【注】順天作政作當是行曰大命有常小命日成成則敬有常則廣廣以敬命則度至於極。【注】日成、日進也、如有常日成、日成舊脫按文義增則其人法度至中正也、天司德司義而賜之福祿。【福祿】次福祿疑衍在人能無懲乎若懲而悔過。當作遷善則度至於極。盧氏以此三語又見下文因引謝金圃說謂悔過卽以召福懲其不德不義卽福祿在人矣洛按理非不是但白文下曆反成駢瘤矣故愚意未慊

洛按六言度至于極前三節就天言後三

注 懲、止也。按止當作正玩上文正以禍福自明若訓作止只貼禍而不貼福 以德居身、自深得其義、自深得舊作深術息按注意以上言德不言義下言義不言德而本段兼言德義故爲之劃清茲因形似改正 天或司不義而降之禍在人能無懲乎若懲而悔過則度至於極按勸懲只一理故上下俱言懲 夫民生而醜不明無以明之能無醜乎若有醜而競行不醜則度至於極盧云無以明之民不能自明也在上者能無醜乎謂旌別淑慝也舉直錯枉能使枉者直所謂競行不醜也是則止於至善矣下無以穀之無以畏之皆謂民能無勸乎能無恐乎皆謂君 注 不謂醜者言道在爲君言舊作若在舊作上 夫民生而樂生無以穀之能無勸乎若勸之以忠趙云當作勸以之忠 則度至於極 注 穀善也、謂忠信也、夫民生而惡死無以畏之能無恐乎若恐而承教則度至於極 注 以死亡

層就民言便伏後文天道三人道三一段

恐民、使奉上易教也、六極既通六間具塞○【注】六中之道通、則六間塞矣、按間猶紅紫爲間色之間蓋不正也不正○則不中矣【通】道○【通】天以正人○二通字據下莫如無極句皆行正人莫如有極道天莫如無極盧云天道違人道邇此即民可使由之不可使○知之之意【注】道、道謂言說之也、○道天有極則不威○不、威則不昭按此孔子所以罕言命也正人無極則不信不信則不行○按此孔子所以雅言詩書執禮也【注】政教不明按此四句經文不過反言以申明莫如有極○莫如無極意注解以政教不明未確郎云專解不行句亦不合明王昭天信人以度功地以利之○按地以所處之位言有其位則必有其所當爲者○爲其所當爲是功地以利之也使信人畏天○則度至於極○按上六言度至於極經已以六極既通總束上矣此又言度至於極何也蓋上就天生民及民初生說道理本來如此也此就王者設教說使人如此也此層即包在上六層內夫天道三人道

四

呂覽士容論士所術施客所術施注云皆宜作述可見古字通

外篇 民嘖宜是民憜古字通用史記司馬相如傳不敢怠墯是也但憜係俗字宜仍作惰經但稱有作惰義者並同此

三○注言相並以立教、並舊訛方天有命、有禍、有福○人有醜、有紼絻、前漢書丙吉傳上將使人加紼而封之注紼繫印之組是紼與紱通也荀子正名篇乘軒載絻注絻與冕同有斧鉞○以人之醜當天之命○以紼絻當天之福○以斧鉞當天之禍○六方三述○盧云述與術同海山校作述洛按天有命二句爲六方以人之醜三句爲三述二者相承其極一也○不知則不行○行舊訛存炤注改注一者善之謂也、不行善不知故也、極命則民墮○民墮則曠命○曠命以誡其上○誡疑詆訛詆毀也則殆於亂○注此下六極謂行之極○其道殆、近、按此乃極甚之極謂太過也與上訓中者不同須善會注意極福則民祿○民祿則干善○干善則不行○注不行善也、極禍則民鬼○民鬼則淫祭○淫祭則罷家○按民祿民鬼猶言民貪祿信鬼也注罷弊其財、冀無禍也、極醜則

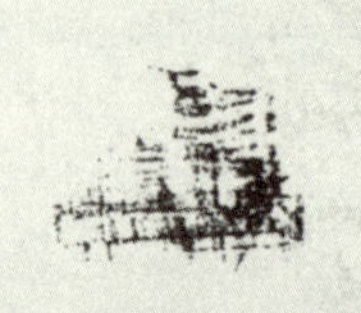

洛按命福六者上皆平列此處却將命字提頭非但使文筆變化也且命皆自天與禍福五項在人者不同即雨露稍偏霜雪過重誰致以爲太過故無容爲命莫大於誠上之語其意理極爲圓密

民叛民叛則傷人傷人則不義。注民不堪行、則叛義也、極賞則民賈其上賈其上則民無讓無讓則不順。注賈、賣、以功求其賞也、按賈上是冒功以濫邀賞意注未允極罰則民多詐多詐則不忠不忠則無報。注上遇以禮終於不報、舊作上遇其禮不報□終凡此六者政之殆也是故、二字舊在[illegible]明王昭命以命之曰大命世小命身。舊作大命世罰小命罰身盧云大戴禮本命篇注引周書、大命世小命身本無兩罰字故孔氏注以明之今從盧本注違大命則世受罰、犯小命則罰身之福莫大於干善。干善舊作行義盧氏依上文改禍莫大於淫祭醜莫大於傷人賞莫大於賈上。賞下舊有莫大於信義讓六字盧氏謂上云無責讓恥上文無極讓並語無容添出上云無讓自指辭讓而言豈可牽混因定此六字爲衍文洛按上文賈上本與

【外篇】莫大於信義讓六字如果宜在福莫大句上則信必係倍訛倍與背同讓字參諸曠命誠上句一誠一讓必有一訛

洛按後半篇又由六者推出十二項以見爲政多端而總不外於勸懲所以順天成化使人定命也

賞粘連非但讓爲蛇足卽信義亦屬駢拇盧說可從但經文跟命說來首句干善原係行義似訛錯尚在首句之上而行義又頗類信義可見莫大於信義讓六字定係首句錯在中間然尚有訛字也罰莫大於貪詐○上

【注】言此六者最大、盧云所謂六者蓋兼命言也語意非以干善爲福淫祭爲禍所謂莫大正中言極之害大耳與孝經罪莫大於不孝之語不同後人以福莫大於干善賞莫大於賈上語勢似不順遂妄改之不知此皆約上文而言讀者宜細玩洛按莫大作莫甚解最明

古之明王奉此六者以牧萬○民○民用而不失○【注】不失其義、

○撫之以惠○和之以均○斂之以○哀○娛之以樂○愼之以禮○教之以藝○震之以政○動之以事○勸之以賞○畏之以罰○臨之以忠○行之以權【注】以權行之、

權不○法○忠不忠○不忠浮山據後文賞不必中語定作不中洛按子莫執中不足言中故以不中爲善罰不○服○按服當如呂刑言下服上服非易則刑罰淸而民服之服賞不從○勞事不震○政不成

藝不淫。禮有時。樂不滿。哀不至。均不壹。惠不忍人。按忍謂隱忍言姑息也非殘忍之謂〔注〕言行權當有時如此、舊作有如此時今倒盧本徑刪時字非是按注係總括之詞舊在政不成句下今移此

凡此物權之屬也。按權舊作攘玩上惠均十二字一順一逆俱以權爲主此句乃總結文法則攘爲權之訛明矣或曰前漢禮樂志盛揖攘之容藝文志合于堯之克攘攘卽讓但讓字與上無涉不如權字妥〔注〕物事、

惠而忍人。人不勝害。害不如死。忍人舊作不忍人按此段乃反言以申明上段此三句則言忍人之害以見不忍人之善故不字刪〔注〕害則死生而猶不如死、生死[illegible]舊[illegible]

[illegible]一、[illegible]不和。哀至則匱。樂滿則荒。禮無時則不貴。禮以時爲大

藝淫則害於才。政成則不長。事震則寡功。〔注〕不長、言近淺也。按近淺疑迫狹訛玩此注則知上段政不成句言政不可欲速成也震而其功寡矣、按此當卽進銳退速意

以賞從勞。勞而不至。以

洛按首篇天生民而制其度言天有此自然之度帝王因革損益不襲不沿皆本天之自然者而定也次篇天生民而成大命

法從中則賞。賞不必中。以權從法則行。行不必以知權。盧云以法從中下數句有脫誤以上文推之賞下當言罰言忠而後終於權也趙云當作以法從賞賞不必中以權從法法則必行行以知權洛按趙說仍脫罰與忠二層亦未允樞竊謂以賞從勞下六句皆有顛倒訛錯如勞而不至語意欠圓以法之法必係罰字音訛二賞字均誤二中字必有一爲忠訛上段言權以不法爲善此言以權從法則行亦誤也似應作以賞從勞勞而買以罰從贖則不至忠不必中以權從法則不行行以知權如此則上下文義俱各

周洨權以知微。微以知始。始以知終。注言事勢之相權、物理之相致如此也、

常訓解第三天有常性所謂天不變道亦不變也人有常順所謂此心同此理同也故篇名曰常

天有常性。人有常順。按常順應是良知良能意順在可變。性在不攺。按二句雖平列而意却回環故下可因六句便串說注學能故可變、自然故不攺、按人皆可

則指賦畀于人者矣此篇天有常性人有常順則全在人身上說而說到明王布政皆不外乎好惡禍福數項可見合乎天理之本然者卽合乎人心之同然也三篇詞旨仍是彼此相資前後互發

又按常乃本然而必言習者以習爲常以常爲愼惟愼所以常也但習之不同亦由淸濁純駁之稟故曰自血氣始吾謂此段足融通乎孔子性相近孟子性皆善之旨且較後儒言不離氣質不雜氣質尤精

以爲聖賢究不免流爲庸衆是順者易變也義理之性不改第食色之性亦不改是不改宜辨別也經旨就本然言以起下文如注語則須估經下文變習生常數語地步矣且性所固有學而能之不可云變爲善謂之自然可也爲惡顧亦以爲自然乎措語亦未妥協

不改。可因。因在好惡。好惡生變。變習生常。常則生醜。醜命生德。按好善惡惡性也若好人所惡惡人所好則變矣變而習之狃於已然則常矣常則善惡之類判然矣醜類也因其醜而命之所以使人棄惡遷善也故曰生德

注 雖有天性、可因其好惡以變之、按不改之性可因以爲善亦可因以爲惡好惡乃情之著所以驗其可因也但好惡有正不正故下文方言生變注語欠體會明醜所以命之、則德生矣、

明王於是立政以正之。立舊訛生民生而有習、有常。按習跟可變來常跟不改來上文本一串故此下文亦串說以習爲常、以常爲愼。民若生于中、習常爲常。按人能愼其常則必爲善矣習常爲善則似生而有善性矣

注 習常爲常、如性自

落按第一層就天生人時說見得天生人而不能教人必有待於君師故曰立政以正之第二層就人身上說見得明王立政並不是如何造作只是因人以爲教使自成其爲人故曰自血氣以明之醜

外篇物交則引皆耳目爲之緣蓋耳目乃血氣之靈者經本句增耳目之習四字語意益覺精細篇尾姦物在日二句亦聊作一應

然、故若生于中也、按經此二句跟愼字下應專指爲善者注第渾言則與下文言自血氣始無分別

天習、民乃常爲自血氣始。浮山云乃字照注宜是所注性所本有而幼小習之、若自其血氣始生之也、所本始生之舊俱倒。按氣以成形血以爲體人生無論聖凡均莫外此爲善者惟曰不足固自血氣中帶來而爲不善者亦惟曰不足亦自血氣中帶來明王明醜以使人變其習所以變化氣質使人愼其常所以涵養氣質蓋其根源如此經所以言自血氣始也若如注曰幼小習之又曰若自不但失立言之旨。且亦未得行文之法矣

明王自血氣耳目之習以明之醜注示之以好惡也、按注宜作示人以好惡之則也

醜明乃樂義。樂義乃至上按至上疑奉上訛言奉行上意也或謂即下文民知其至之至謂至善也然義頗紕複矣

上賢而不窮。按上與尚通窮窮極也苛責於民即窮極之意蓋言能明醜者爲賢則尚之未能明醜者誘之使化亦不遽加苛責也此即使自得之又從而振德之之意注窮謂不肖之人肖諸本俱作省

洛按首篇無樂非人無哀非人次篇道天以正人此篇因民以順民皆作者要旨讀者不可忽過

【外篇】有古卽有常意經以古常常故曰始以古終以古海山云政維今法維古二語千古格言

盧從章改洛按注可通而經却費解或是注尚有訛脫若作不窮謂不責諸人則經注俱明晰

哀樂不淫。民知其至而至於子孫。民乃有古。古者因民以順民。【注】皆有經遠之規謂之有古父教子子教孫故曰因也

夫民羣居而無選。爲政以始之。始之以古。終之以古。【注】言政必敬始慎終選行也按敬慎亦本下文爲注而經旨尚是言爲政有始終之道

行古志今。政之至也。政維今。法維古。頑貪以疑。疑意以兩。平兩以參。參伍以權。按頑貪二句指民言民情好惡有偏則頑貪所以頑貪者以其意有疑也所以疑者以好惡兩途未得其道也平兩二句指君言君欲平好惡二者於民須以參伍而參伍則莫妙於權也此四句申明羣居無選爲政以始之之義

權數以多。多難以允。按允信也權所以治民而條例之數不宜太多多則難以上下相信矣此反對始之以古二句以起下文見以古當敬慎也

允德以慎。慎微以始而

外篇浮山云下無九姦之目寶典解言人有十姦當與此互看

洛按禮乃四徵八政之經六極九德之本此處特筆一提通篇歸宿

外篇浮山以口好惡有四字爲句謂鈌處是何字言何有於好惡也連上乏生一氣讀

敬終乃不困。盧云左傳襄二十五年引作慎始而敬終終以不困。汉中論法象篇亦引此 注 重明終始之義、困在坔誘在王民乃苟 按坔壓也借作叢脞之意言法令煩多所以致困而上偏以此誘民則民祇苟且免罪矣 苟乃不明。哀樂不時。四徵不顯。六極不服。八政不順。九德有姦。九姦不遷。遷是更改意 萬物不至。此語與度訓言鳥獸仁德相反 注 言以坔導民、政之弊、按經蓋言民不明好惡之弊即見政之弊 夫禮非剋不承、非樂不竟。民是乏生。按剋通刻吳志賀齊傳謹以剋心注敬也承行也樂音洛竟終也乏之生猶言罔之生也蓋禮之體嚴而用和非敬不能行非和不能終。如不承不竟。則失生人之道矣此甚言人不可無禮也。□好惡有四徵喜樂憂哀動之以則發之以文成之以名名或作民行之以化。注 以中道化之也、按注意蓋跟禮說來經下文純恪和平亦剋與樂意 六極命醜福賞禍罰。醜舊訛聽 六極不嬴

外篇在赦疑在政訛在古疑卽上始終以古古字之義洛按敬微順分一句與首篇次節相同合讀之足見三訓只是一篇文字

八政和平。注 贏、謂無常、浮山云注首宜作不贏洛按贏謂無常不贏則有常惟其不贏是以和平。注舊在八政和平句上今移 八政、夫妻父子兄弟君臣。八政不逆。九德純恪。九德、忠信敬剛柔和固貞順。順言曰政。順政曰遂。遂偽曰姦。按此三句語平意串蓋謂上以九德示民則有言言。卽其政而民之順之。必有陽奉陰違者故又曰遂偽曰姦 姦物在目。姦聲在耳。耳目有疑。目舊訛因有下行皆字盧改刪洛按此三句似是言民之好惡因物而遷 疑言有樞。樞動有和。和意無等。按疑言似卽上文疑意以兩之疑意訛樞乃門之所以開闔者此借作好惡念頭初起時之意兩和字浮山疑是私訛洛謂當卽上文平兩以參平字之義 注 等、謂差等、 萬民無法□□在赦□復在古。古者明王奉法以明幽。幽王奉幽以廢法。奉則一八也。人字似行 而續功不同。注 所行相反故也、明王是以敬微而順分。

洛按上三篇皆從天說起此篇特從民生說起秉乎天未有不順乎人者是故欲惡哀樂情也德則性也酌乎此爲聖德則本乎民生之本然爲治功則同乎民生之同然此篇乃言文王開宗第一篇自宣兼內外賅體用如此

浮山云二層一順一逆總以九酌爲主九酌大旨與九經相合取允句似修身宗杰

文酌解第四 左成六年傳子爲大政將酌于民者也注酌取民心以爲政此篇曰文酌蓋言文之政皆酌乎民者也

民生而有欲、有惡、有樂、有哀、有德、有則。○則有九聚。○德有五寶。○哀有四忍。○樂有三豐。○惡有二咎。○欲有一極。○注廣演其義也、極有七事。○咎有三尼。○豐有三頻。○忍有四教。○寶有五大。○聚有九酌。○注又敷陳也、九酌一取允移人。○二宗傑以親浮山云宗傑宗族之杰出者所謂家英也親舊訛觀。○三發滯以正民。○趙云正民當作振民浮山云進用沉滯之賢所以正民也。○四貨官以屬。○按此卽官盛任使意五人口必禮△闕處疑是士字。○六往來取比。○比舊訛此趙云取比言求其相稱也浮山云比合也如後世之關合勘合七商賈易資。○八農人美利。○九口寵可動△闕處疑是矜字矜寵當卽嘉善而矜不能之意注此言句似親親發滯句似尊賢貸官句似敬大臣必禮句似體羣臣取比句似柔遠人易資句似來百工美利句似子庶民可動句似懷諸侯推之五大四教七事數項亦頗相同故曰文武之政布在方策

所酌爲政之事、英傑、人當親之也、五大○一大智率謀○二大
武劍勇浮山云劍疑創訛書予創若時創懲也蓋大武乃義理之勇自懲創乎血氣之剛也○三大工
賦事○四大商行賄○五大農假貸注率謀言爲謀之帥、假貸、
恤貧振施者也○四教一守之以信○二因親就年三取戚免
梏戚疑威訛言第取其威之不可[illegible]用桎梏也注訓爲近似未[illegible]樂生身復注就年、尊長
年也、戚近也、免梏、[illegible]三[illegible]一頻禄質潰按頻禄恐是頒禄潰俗本
皆作潰盧從宋本改二陰福靈極陰宜通蔭三留身散眞注頻、數也、散、失
也、按頻禄質潰作潰作潰均近于頻數之義意與五權篇極賞則溷同陰福靈極言淫○祭者歸功鬼神留身散眞
言以身殉之而自失其素操也○三尼一除戎咎醜不虞意醜猶言小醜也按除戎即易除戎器戒
二中親考疏○三假時權要注尼、定也、定舊訛是据爾雅釋詁改浮山云和也叹

外篇 惟事昌道七字疑是前後段轉捩之語九酌十二項卽昌道而伐有三穆句與開蓄伐緊接則闕脫當在一極之下但注却粘一極爲解不致

既也咎、罪也、考、成也、時、是也、按考應訓察假時權要似是因時制宜意注曰考成也時是也未確○七事一騰咎信志○按此似言咎我者雖騰起而志可自信也浮山云信通伸 二援拔瀆謀▷此似言援引薦拔之謀雖至再三而不嫌於瀆也 三聚疑沮事○惠云聚字說文引作[illegible]言衆盛也所臻切洛按沮通阻詩何日斯沮是也 四騰屬威衆○此似是正衣冠尊瞻視人望而畏之意 五處寬身降○此蓋言寬和居身常抑然有以自下也 六陵塞勝備○此蓋言山陵邊塞之備無不周 七錄兵免戎○此蓋言武備不廢弛自免意外之戎○戎卜本作戍 注 騰勝也▷經文騰咎騰屬二騰字勝義皆難通恐有誤 錄兵、謂備兵、舊作錄謂不備兵 一極惟事昌道開蓄伐▷注 言事事皆以中正行之、中正舊作忠政從趙改 則吉昌之道開行、而征伐之道蓄之也、按開蓄伐似言儲蓄征伐之事皆由昌道開之注未合○一極與二咎三豐四忍五寶九聚共爲總目此僅言一極恐闕脫尚多 伐有三穆、七信、一

臆定

浮山云上段爲文德下段爲武功而仍以文酌命名可想聖人偃武修文之意洛按仁智勇字始見於仲虺之誥而此則平列爲三可見聖人稱三達德蓋有所本浮山云大武解五良亦是仁智勇平列與此正同

幹二御、三安、十二來○【注】言征伐之道、必有此事可也、三穆○悳云此卽所謂穆卜一絶靈破城城疑棫訛棫亦䫶義二筮奇爲昌爲昌舊倒三龜從惟凶○浮山云惟卽思維之維言龜雖從而猶思維其事之凶危也一本作兆非【注】絶靈不淫祀也、不正而卜、雖從而凶、七信一仁之愼散、散疑是敬二智之完好○三勇之精富○富疑是當或作禬力方剛解亦可通○四族之寡賄族疑是旅五商之淺資○六農之少○積之貴之爭寵○【注】七者所宜信明之也、據注則信與伸通而伸又通申一幹○勝權與○謝云幹謂骨幹勝讀平聲權與始基也立基能勝之也趙云言當立勝算於其始【注】言有權與無不勝、舊作言有權無不興今本經既卽凡事豫則立意三御○一樹悳不懣二既用茲憂【注】懣顚也、以爲已蹷也、既盡、盧云懣字無考注亦難曉洛按巔通顚又通癲瘋也古戰車必擇御言樹立其順習於駕車者以爲御不致爲已病也旣用茲憂即如顏子論東野畢之御曰歷險致遠馬力盡矣猶求馬不已是以知其䟦也茲宜與滋通三安○一定居安豨按豨本與孥通或以爲豨藏之豨亦與下二句一例二貢貫得布浮山云貢宜作賞洛按布當指泉布三刑罪布財布散也此疑即朿矢鈎金意十二來○一弓二矢歸射○注言射可用、舊作矢當可用照下注改三輪四輿歸御○注言御可用、五鮑六魚歸蓄○鄭注周官籩人膴鮑魚鱐云鮑以魚於楅室中糗乾之出於江淮也注積以爲資、七陶八治歸竈○注言竈善則陶治良也、良舊訛長盧從趙改九柯十匠歸林○注林當作材、匠以爲用、十一竹十二葦歸時○注取之以時、所以來遠人也、三穆七信一幹二御三安十二來伐道咸布物無不落落物取配維有永究○注落、始也、趙云落如左傳落實取材之落不當訓始浮山云注語本爾雅釋詁蓋材木之斬伐于木

爲終而材木之適用于木爲始義均可通配、類也、配舊脫照經增究、終也、急哉急哉。後失時。盧云急哉宋本重別本不重

糴匡解第五按書盤庚不能胥匡以生注匡救也糴匡當是言告糴以救荒耳觀篇內君親巡方節可見

洛按通篇有備荒之策有救荒之政漢唐以來賢君相之所籌畫者皆莫能外也餘子務穡二層尤見盛世之無游民

外稽 馴或是和擾意左昭廿一年泠州鳩曰小者不窕大者不槬則和於

成年。萊穀足。萊舊作年浮山改洛按饑饉分屬穀萊則成年亦應兼舉萊穀下供有嘉萊語是一確證盧以爲衍刪誤賓祭禁以盛。禁舊作祭盧亦云衍刪今從浮山定玩注言足而不奢可見

注 言賓客宗廟、足而不奢也、盧云不奢何本作不儉詁以盛尤切與記言祭豐年不奢不必強合

洛按盧氏似因下言賓祭以中盛此言以盛恰是一例但古以已通用此以盛謂太盛也中盛之年不禁過盛而民自不奢若豐年即禁其過盛尚恐易流爲奢注語正足證經文次祭字爲禁字訛

天馴鍾絕。洛按此句以下二段例之其言樂無疑或是大用鍾鼓訛也浮山云疑是樂備鍾絃訛舉鍾則鼓可知舉絃則管可知舉鍾絃

物物和則嘉成是馴意也鍾絕或鍾紐訛考工記鍾懸謂之旋虫旋虫謂之幹注謂懸鍾之紐也注中落字當如左傳叔孫爲孟鍾饗大夫以落之之落注以豭豬血釁鍾曰落然則鑄鍾或亦豐年事與鍾皆與鍾通

則衆音可知與下段樂唯鍾鼓相對服美義淫○謝云凡義之所當爲者皆可過盛淫如聲淫及商之淫淫溢也浮山校義爲羨訛羨有餘也凡有餘者皆可過盛也洛按此句分二項與下不服美三牧五庫補攝相對定義爲羨於補攝尤愜【注】○六副後落浮山云此四字疑是衣則綵華訛洛按六副盧本作大馴未知何据淫、過、皁畜約制餘子務藝【注】皁、廄別名、畜則馬、約制、不常秫、餘衆也、藝樹也、周禮夏官校人三乘爲皁三皁爲繫六繫爲廄六廄成校秫舊訛秩盧從趙改秫馬食穀也官室城廓同郭修爲備供有嘉菜或作嘉萊○於是曰滿【注】嘉、善也、謂薑蒜之屬滿也、舊作爲薑等也屬滿之盧改○年儉穀不足賓祭以中盛○【注】有黍稷無稻粱、樂唯鍾鼓○不服美【注】外有祭服、內無文飾、盧疑外內二字爲衍三牧五庫補攝○盧云三牧謂戎馬田馬駑馬三物之牧也月令季春令百工審五庫之量金鐵一也皮革筋一也角齒一也羽箭幹一也脂膠丹漆一也【注】事物

外篇兵備不制猶言兵制不備經每多此等倒裝句

洛按通篇平列四段前三段整後一段散左氏文法往往如此

外篇企疑食訛壑

相兼不特設也、特舊訛物凡美不修餘子務穡於是糺秩注糺之令有事秩、按糺與糾通左傳糾之以政糾舉也又釋文糺察也玉篇糾督也義皆通秩卽堯典之平秩年饑則勤而不賓舉祭以薄注用下牲也、樂無鍾鼓凡美禁畜不早羣、舊作書不早羣從盧改車不雕攻兵備不制民利不淫注攻治、盧云爾雅攻善也閑工緻也征當商旅以救窮乏之問隨鄉不鬻熟、舊作閩隨鄉下鬻蟄盧據謝改謝云大匡解有鄉問其人語又云無粥熟此當作問隨鄉不鬻熟鬻熟則啟奢惰故禁之沈解亦同注鬻賣、分助有匡以綏無者於是救困按此當繫連上不鬻熟言蓋一鄉中必有有者有無者卽分彼有以爲生者以安此無以爲生者則救困之道得矣大荒有禱無祭、盧云穀梁襄二十四年傳鬼神禱而不祭范甯引周書大荒有禱無祀卽此文注饑饉師旅爲大荒也、國不稱樂稱舉也企不滿壑浮山云企疑迯訛迯不滿壑[illegible]

欲壑也食不滿壑猶言所食不得縱欲也與大臣解人不食肉相同注不于治地或是不貪淫也

是無年則無力役意刑罰不修。舍用振穹。注不滿壑不于治地鍾云地疑
也訛盧云于治或干治訛浮山謂于乃平誤不平治地則經旨自明舍用常以振民也、盧云舍與
釋同穹與窮同君親巡方卿參告糴餘子倅運開廩同食廩舊闕盧据左
傳振廩同食語補民不藏糧曰有匡。注倅副也、盡行此事名曰有
匡也、俾民畜惟牛羊於民大疾或殺一人無赦。注雖有凶
疾、或而相殺者不赦也、男守疆戎禁不出男疑募訛五庫不膳
膳宜通繕治也喪禮無度祭以薄資祭舊訛察以形似改或曰上已有舉祭以薄語此又作祭
恐重複竊謂上與賓對舉乃四時之祭此緊接喪禮說蓋喪中之祭也注戎事自守而已不
征伐也、喪主儉而貴速喪之祭用薄、下二句舊作喪儉也而速喪察用今按文
義改正禮無樂宮不幃嫁娶不以時賓旅設位有賜注不以

時秋冬也媒氏會男女合之男女舊闕依盧補盧云媒氏司男女之無夫家者而會之蓋荒政十有二多昏亦其一也賓旅隨位賜之不饗燕饗燕諸本多作錫燕盧從何本